「科学者」校長の学校改革

―対話と探究でつくる新時代の教育―

鈴木 清隆
Suzuki Kiyotaka

風詠社

はじめに

なぜ、学校に改革が必要なのでしょうか。それは、学校が社会から取り残されているからです。多様性の社会なのに、型にはめた教育が行われている。企業ではＩＴによる業務の効率化が当たり前なのに、学校では効率化の概念さえ浸透していません。

学校は子どもたちが学ぶ場なので、本来は未来の姿であるはずです。しかし、現実は、明治時代から１５０年以上も変わらない授業スタイル。教師が教科書に書いてある内容を、一斉に児童・生徒に教えています。これでは教師も生徒も、型にはまり、型から抜け出すことはできません。一方、社会は、当然ですが明治時代とは全く違います。文明の発達により、仕事やライフスタイル、そして価値観も大きく変わりました。学校は、社会からかけ離れたところに取り残されているのです。

私は、２０２１年から2年間、茨城県常陸太田市の県立太田第一高等学校（太田一高）で校長を務めました。それまでは20年間、大学で教鞭をとりながら脳機能の研究に取り組んでいました。そのとき、もっと学生たちが主体的に講義に参加するにはどうすればよいのだろうか？という課題を抱え、高校までの段階で主体的に学ぶ姿勢を身につける必要があると考えるようになりました。そして、茨城県の校長公募に応募し採用され、２０２０年4月から副校長を、翌年からは校長を務めました。

赴任して驚いたのが、学校が閉ざされた場になっていて、社会から孤立していることです。未来の人材を育てる学校が、このままでよいはずがありません。学校は本来、一人ひとりが自律的に行動できるように育てることが、使命であり役割です。社会に必要とされ、社会に貢献できる人材となれるよう、その土台を一人ひとりに築かなくてはいけません。型どおりの教育を続けていれば、型どおりの人間が育ち、個性や強みを発揮できず、自分らしい生き方ができなくなります。

少子化による学級数の減少や統廃合、不登校の増加など、学校をとりまく課題が山積する中、学習内容の増加に伴って先生方は多忙さを増し、職員会議はじっくり話し合うムードなどなく、連絡事項を確認するだけの場になっています。これでは、新しい学習指導要領が求める「主体的・対話的で深い学び」の実現は、ほど遠いと言わざるを得ません。

学校が置かれている状況を改善するために校長一人ができることは限られています。それでも、目の前の状況をただ黙って観ているだけでは、子どもたちの可能性の芽を摘んでしまうことになります。そのような想いから、人生の新たな挑戦に踏み出しました。

私は、多様性の時代にふさわしい教育を実現するべく、対話と探究を重視した学校運営を行いました。生徒会との懇談の場を設け、生徒たちの要望を汲み上げて複数の校則を変更しました。活気のなかった職員会議も、心理的安全性を保証することで意見が飛び交う場になりました。課題の一つひとつを、トップダウンではなく、先生方や生徒たちと対話しながら、解決に向けて自律的に動いていくかたちにした結果、後戻りしない学校改革を成し遂げることができたのです。そして、改革に終わりはなく、私が退職した後も、より良い学校になるべく対話と進化を続けています。

本書では、校則や学校行事の変化、また探究活動の活性化について紹介しながら、潜在力を発揮できていなかった先生方と生徒たちが、どのようにして自ら発案し行動するようになったのかをお伝えしていきます。

本書が、学校運営の課題を抱える現職の先生方や、教育関係の仕事を志望する学生、そしてチームづくりに苦慮する組織のリーダーにとって希望の光となれば幸いです。

目次

装画　鈴木ことみ
装丁　２ＤＡＹ

第1章

学校の課題

日本の学校教育で主体性が失われる理由

◆「教える」授業が指示待ち人間を育てる

今の教育現場には、教師は教える側、生徒は学ぶ側という固定観念があります。先生方は教科指導のプロなので、担当教科を教えることには長けています。でも、そのために視野が狭くなっていると感じることがあります。教科書の内容を教えることで閉じられてしまっていて、その領域を出ることが少なくなっています。本来、人に1教えようとすると10知らなければいけないのですが、シナリオどおりの授業であれば、広い視野や分野横断型の知識は求められません。変化と多様性の時代を生きる子どもたちに必要な「対話的な学び」への道のりは遠いようです。

また、学校組織は、新しいプロジェクトに取り組むことや課題解決に向けて試行錯誤を繰り返すことが苦手です。型どおりの教育活動を進めることが善とされ、理想的な学校像の実現に向けて創意工夫を続けることには慣れていません。先生方は固定化された業務をこなしていれば仕事をしたことになりますし、校長の言うとおりにやってさえいればリスクや責任を負うこともないのですから、そうなるのは当然です。

毎年決められたとおりに授業やテストをする。何か新しいことに取り組んだりチャレンジしたりすることは滅多にありません。このような非創造的な仕事の進め方は、生徒に必ず連鎖します。生徒も、受け身で授業に参加し、言われたとおりにテスト勉強するだけ。先生も生徒も思考停止と言わざるを得ない状況です。

本当にこのままでいいのでしょうか。これからの時代、与えられた仕事をこなすだけでは、ＡＩ（人工知能）に取って替わられます。自分にできることを考えて自発的に動く人が求められているのに、学校で主体性を尊重した教育をしていないのは、日本の将来にとって大きな問題です。

◆主体性を発揮できない「型にはめる」教育

今の学校の「型にはめる教育」は、２つの根本的な問題を抱えています。１つ目は、個別最適化ができていないこと。生徒の理解力に幅があるにもかかわらず、教室で同じ内容を、一斉に40人の生徒に教えています。1時間弱、教室にいても何も学べなかった、よくわからなかったという生徒がいるかもしれません。逆に、もうそんなことは知っているよという生徒もいるでしょう。それでは効率が悪すぎるのです。

2つ目は、多くの教員が、型にはめるのが教育だと思い込んでいることです。多様性の時代にあっては、同じ内容を同じ時間枠で教えることよりも、どういう学びが一人ひとりに対して必要かという視点が重要になります。しかしながら、教員特有の意識として、自分が持っている知識を生徒たちに伝えることが仕事だと考える人が大半です。教科書の内容は学びのきっかけにすぎないのに、「この単元を、今日の授業でここまで教えなくてはいけない」という義務感に縛られているのも、根源は一緒です。

先生方は、自分が受けた教育が、時代を越えた普遍性を持っていると無意識に信じているようです。教員になれるくらいの人は、小中高を通して学校制度に適応し、成績も良かったはずです。だから、自分が学んだ「正解」や、正解に効率良くたどりつく方法を子どもたちに教えたいと思っているのです。でも、社会は大きく変化し、これまでのやり方が通用しなくなっています。求められる能力も、時代とともに変わっていくのです。

そもそも、学ぶという行為は双方向的なものです。先生が生徒に教えることだけでなく、先生が生徒から学ぶこともあるはずです。もちろん生徒同士の学び合いもあります。授業を双方向的なものに変えていかなければ、与えられたことをこなす人材育成しかできないわけです。いくら文部科学省が対話的な学びを促しても、学校の画一的な教育が変わらなければ、理想と現実のギャップは埋まりません。

学校に行きさえすれば先生が教えてくれる。教えてもらったことを覚えて、そのとおりに答案用紙に書けばいい。そんなロボットのような教育はやめなければいけません。それが学びのスタイルだと植え付けられた人たちが、社会に出て行くと次世代に対して同じことを繰り返します。それは学校だけでなく、多くの組織や階層で現実に起きていることです。複雑化する課題に立ち向かうためにイノベーションが求められている状況にありながら、自分がやるべきことをいつも誰かに与えてもらい、それをただこなしているだけでは、やがて周囲から必要とされなくなります。

◆校則は一度決めたら永遠なのか

学校には、「ルールは一度決めたら永遠にそのとおりに守らなくてはいけない」といった暗黙の了解のようなものがあると感じます。本来ルールは、1回決めて運用してみて、問題が出てきたら、また話し合って改善していくもの。しかし、先生方にその発想はありません。

なぜルールを変える発想がないのかといえば、教科書という絶対的な存在があり、先生はその内容を教える側、生徒は学ぶ側という意識が影響しているように思えてなりません。子どもたちが主役という言葉はよく聞きますが、実際は教員中心になっているのです。本当の生徒ファーストなら、生徒の要望を汲み取り、一緒に考えながらルールを改善していくはず。それなのに、大人の論理や都合でルールを決め、「学校に元からあったルールに従い行動することが、あなたたちのとるべき行動ですよ」と生徒に押しつけています。このような間違った認識も、型にはまった教育が原因です。

科学者の感覚からすると、教科書の内容は必ずしも永遠不変の真実ではなく、新たな発見によって書き換わる可能性があるものです。ましてや、人間が定めたルールに絶対的な正しさなどあり得ません。

◆校長の保身

学校の組織は、校長が一番上に立ち、補佐役の教頭を除けば、その他の先生は主任クラスも含めて基本的にフラットな組織です。校長の権限だけが突出しているのです。校長がその気になれば、学校を変えることは難しくありません。それなのに教育がいつまでも変わらない原因の1つは、校長がリスクをとらない、言い換えれば保身の姿勢にあると私は思っています。

校長は、何十年も教師をやってきて、通常は教職人生の最後の数年間で校長を務めて、定年退職というパターンが多いです。在任中に学校運営を事故なく無難にこなせば、退職後も安泰。新しいことにわざわざチャレンジしてリスクを負うなんてことは、選択肢に上りません。しかし、だから教育は何も変わらないのです。

何十年もの間に培った経験のもとに、型にはまった教育や学校運営を踏襲するだけで、校長の数年間は終わります。先生方が新しいことをやろうと言っても、自分は反対だからやめておこうということもできてしまいます。でも、それで誰が得をするのかといえば、校長にしかメリットはありません。要するに、校長という肩書と権力を自らの保身に使っているわけです。

トップダウンで何事も決まるような学校だと、生徒にとって有益な提案でも、校長がノーと言えば、それで終わりです。大きな希望や志を持ち教員になったのに、赴任したとたん意欲がそがれてしまうというのは、本人にとってつらいことであるばかりか、学校にとっても損失です。

リスクをとらない、問題を起こさないというのは、定年まで無事に過ごすという校長の目的は達成できるかもしれません。しかし、せっかく先生方に挑戦意欲があって新しい風が吹きそうなのに、そのムードを壊しているのです。校長が持つ権力は、生徒たちのために使うからこそ意味があります。先生方の先にいる生徒たちに目を向けたとき、新しい取り組みの芽を摘むことが本当に正しい判断なのでしょうか。校長が自らの保身を優先して、先生方の挑戦にストップをかけてしまうのは、リーダーとして失格です。

◆ベテランのひと言に潰される若手の志

先に触れたように、学校は形の上ではフラットな組織なのですが、年功序列の考えが強いために対話が生まれにくい環境です。若手が経験豊富な先生に意見や物申すのは難しく、職員会議で意見が通ったとしても、会議後に年配の先生から「できるわけないぞ」と言われたりすることもあります。影響力のあるベテランの先生が否定的だと、周囲の協力を得ることが難しくなり、せっかくのアイデアも水の泡です。その結果、若手のモチベーションが下がり、やがて生徒にとってプラスになるような提案自体が出てこなくなります。

教師は生徒のために何をすればよいのか、自分はどういう教育がしたいのか。年齢や経験量に関係なく、全ての教員が志を持って、対等な立場で仕事をするのが理想の姿です。しかし、現実は、校長やベテラン教員のひと言で、心ある若手の先生が、生徒や保護者の知らないところで潰されているのです。

◆創造性ゼロの職員会議

毎月1回開催される職員会議。前日に、およそ100人分の資料をコピーし、ホッチキス止めすることは驚きでした。でも、それ以上に衝撃だったのは、多くの時間が連絡事項の共有に割かれ、議論というより、校長の意向が100％反映される場になっていたことです。司会進行役の教頭は、あらかじめ校長の意向を聞いておいて（あるいは忖《そん》度《たく》して）、その結論に落ち着くように、うまく進めます。先生方に意見は出してもらうものの、校長の意向と異なる場合は、「そういう考え方もあるかもしれませんけどね」とネガティヴな反応を示し、採用されることはまずありません。

最終的な決裁権を持っている校長がイエスなら採用決定、ノーなら不採用です。先生方が意見を出し合って、おおむね結論が得られたとしても、校長が首をかしげたり横に振ったりするだけで、流れてしまいます。

予定調和みたいなものです。最初から校長の意向に沿った結論ありきなのです。「反対です」ときっぱり言う人もいますが、周りは黙っています。全く建設的ではありません。先生方は考えて提案しても報われないので、やがて意見すら出なくなります。

◆空気を読んで忖度する文化は連鎖する

日本人の会話は、気遣いやあいづちに包まれています。直接指摘するのは良くないという考えが先行して、本音で語り合えていないのです。これは会議でも同じです。先生方が校長の考えに忖度すれば、それは学校という組織の中で最終的に生徒に伝播します。潜在意識として刻まれていくのです。

見えるかたちとしては、生徒が話し合いで自分の意見を言わないことや、授業アンケートで可もなく不可もない中庸な答えとして表れます。忖度の連鎖は今に始まったことではなく、長年積み重ねられてきているので、どこから変えていけばいいのかという悩ましい問題にぶち当たります。

意見が出ない、建設的な話し合いにならない職員会議は、学校の課題そのものです。ホームルームで子どもたちに「ちゃんと話し合いなさい」と指導しますが、そう言っている先生が自分たちの会議で対話的に議論していないというのは、矛盾以外の何ものでもありません。

◆学校は昭和のまま…社会から最も遠い場所

世の中は令和でも、学校は昭和です。私が中高生だったころの授業風景と全く変わっていません。昭和のスタイルや価値観を押しつけてしまっては、子どもたちが社会に出たときに適応できなくなってしまいます。

教育行政のトップダウン的な構造についても見直す必要があるのではないでしょうか。いまだに学習指導要領が幅を利かせて学校教育を一律に統制し、先生方もその内容を網羅的に教える授業をしています。しかも、大量の業務をこなすのに忙しく、増える一方の指導内容に追いつけていません。せっかくの探究活動も、その目的を達成するには先生方の経験が不足しています。

私のように他業種からポンと入ると、学校の現状は違和感だらけで、それを維持することは衰退としか思えません。これまでどおりの連鎖を続けていれば、子どもたちは被害者も同然です。今こそ教育の在り方を根本から変えなければ、イノベーションの芽は育たず、世界の中での日本の存在が薄れていくのは明白です。

◆チャレンジが評価されない「守り」の文化

これまでのやり方を変えたいと思っている先生も、中にはいます。でも、そのような先生が新しいことにチャレンジしようとしても、今の制度では評価されません。それどころか、長年にわたり根付いてきた「減点思考」のため、うまくいかなければむしろマイナス評価になってしまうのです。

学校のテストは正解ありきで、間違えば減点。先生方も決められた業務を過不足なくこなせばよく、頑張って学校に貢献したところで給料が上がることはないですし、新しいことに取り組んで成果を出してもプラスの評価につながりにくい。チャレンジとは、できなかったことができるようになること。つまり、ゼロから加点で積み上げるものです。プラスで考えればよいのに、減点思考から抜けられない先生方は、うまくいかないかもしれないリスクを過剰に恐れる傾向があります。

人は、チャレンジが評価されないと、守りに入ります。たとえば生徒から「この冬は寒いからコートを着られるように校則を変えてほしい」と要望が出てきたとしても、「それって、今やらなくてはいけないのですか？　来年度からでもいいんじゃないですか？」となるわけです。目の前で生徒が「寒いから困る」と言っているにもかかわらずです。新しい取り組みを先延ばしするのは、企業では考えられないですが、学校ではよくあることです。先生方が校則を変えたくない理由は、変えたことによって新たな問題が起こることを恐れているからです。それに、ルールを変えたら、変えた側に責任が発生するので、責任をとらなくていいように、「今、変えなくてはいけないのですか？」と問題を先送りします。現状維持を選ぶことで、マイナス評価にならないようにしているだけなのです。

◆アンケートでは学校の真の課題は見えない

生徒が授業の内容や学校生活に満足しているかどうかを知るために、授業中にアンケートをとることがあります。太田一高でも、学校全体の課題を探る目的でアンケートをとっていました。しかし、学校の真の課題が生徒の回答から浮かび上がってくることは、あまり期待できません。その理由は２つあります。

１つ目は、教員のインセンティブにつながる仕組みになっていないことです。生徒からの評価が高くても、給料が上がるわけではありません。そのため、先生方は今までどおりの指導を続けることを選びます。評価と報酬が連動しなければ、授業改善のために時間と労力を割くメリットがありません。生徒もそれがわかっているので、回答に真実味がなくなります。これでは、対話的な授業への転換など夢のまた夢です。

2つ目は、生徒たちの忖度がはたらいて、本音が出てこないことです。全体の調和を優先する感覚が残っていて、本音を明かすよりも、先生やクラスメイトとの関係が悪くならないことを望むからです。授業が生徒にとって真の学びの場となっているか、その実態が見えてこない限り、学校の最も重要な課題に向き合うことが難しくなります。

◆先生が忙し過ぎる本当の理由

教員の多忙さはメディアでも取り上げられていますが、実際に現場を見て、先生方は業務の種類も量も多く、とても忙しいと感じました。その一方で、やり方を工夫したり、考え方を変えることで、負担を減らせるのではと思う部分もありました。たとえばテストは毎回問題を作って必要部数を印刷し、答案に手書きでマル付けをして点数を記入し、それを生徒に返しています。さらに、採点結果を校務システムに手入力するというふうに、かなりの手間をかけています。とても原始的というか、何十年もやり方が変わっていないのを見て驚きました。これでは仕事は減らないわけです。

授業プリントや小テストも、同じ教科を担当する先生方が、それぞれオリジナルのものを作っています。共有することは、まずありません。自分の仕事にプライドを持つのは良いことですが、そのプライドが邪魔をして仕事を抱え込み、自分を苦しめているようにも見えます。

何から何まで教員がやっているという状況も問題です。夕方5時の終業までに終わらないほどの業務を抱えているうえに、土日は部活の顧問として指導にあたり、ときには遠征もあります。登校時間帯の通学路での声掛けも、これまでやってきたことだからという理由だけで続けています。でも、企業の感覚からすると、手当てがつかない時間外労働を強制しているのと同じです。働き方を変えなければ、現職の先生方もしんどいですし、教師になりたいと思う若者も減っていく一方です。人材不足になれば、現場はさらに忙しくなるという悪循環に陥ります。

◆業務効率化の見えない壁

人間誰しも、「できれば楽をしたい」と思うものです。得られる成果が同じなら、かける時間や労力は少ない方が良いのです。企業では、仕事の成果が明確で、事業目標を達成したかどうかが数字で示されるので、いかに効率よく仕事をするかを考えます。

ところが、教育の成果は明確に数字で表すことができないこともあり、「人を育てるというのは、もともと手がかかるものだ」という意識が支配的です。先生方は、時間や手間をかけることが教育の姿だと考える人が多く、効率良く仕事することへの抵抗感さえあるのです。短時間で仕事を終わらせると、手を抜いてさぼっているというイメージが先行してしまいます。時間あたりの成果、今の言葉でいうところの「タムパ」の意識が薄れてしまうゆえんです。

教師の使命とか、役割に対する思い込みが強過ぎるのかもしれません。通信簿のコメントも、一人ひとりの生徒にびっしり書いています。そこに手書きの文章を入れることが、今の時代にどれだけ意味があるのか疑問です。保護者もそこまで求めていないのではないでしょうか。できるところからどんどん効率化していかなければ、教員が忙しさから解放されることはないでしょう。

◆勤務時間調査の矛盾

校長は、先生方の時間的、精神的な余白をつくらないといけない立場ですが、「明日から、この業務はやらなくていいです」というわけにもいかないのが現実です。

せめて、教員免許を必要としない業務を委託したいところですが、そのためのお金がないという問題があります。校長は県から決められた予算の中でやりくりをしなければならず、学校としての要望が通りにくい状況にありました。ましてや、年度途中の追加予算など認められるものではなかったのです。公立学校の運営は税金で賄われているので、融通が利かないのは仕方ないのですが、業務を委託したくても、お金がないからできないことに歯がゆさを感じました。

それでも県教委は、「残業を減らすように先生方に指導してください」と一方的に私たち管理職に押しつけます。3か月に一度、全教員の超過勤務時間の調査が県からきていましたが、私は「業務削減にも限界があります。それに勤務時間だけ減らしても、先生方のモチベーションが上がるとは思えません」と毎回突っぱねていました。しかし、反応は全くありませんでした。

調査する側も、「調査しました」で仕事になるからでしょう。本来なら、調査の結果を受けて、改善するのが目的なはず。でも、実際は、何も変わらなかったことの方が多いです。だとすると、それこそ大きな無駄です。そのような調査が毎月山のように来て、教頭はじめ、先生方の負担になっていました。「現場の負担を減らしたいのなら、調査をやめてください」と伝えたこともあります。すると「文部科学省から、やるように言われています」という返答でした。まるで、調査をすること自体が目的だと認めるような回答です。教育界に効率化やコスト意識の考え方を持ち込むことに、限界を感じました。

◆教員評価の課題

学校の価値を偏差値という画一的なモノサシで測る時代は終わりました。一人ひとりの生徒が自分の学びたいことを学べているかどうか、学べる環境に行けるかどうかが、はるかに大切です。その本来の教育的価値を評価することが難しいところにも、学校が変わらない根源的な理由があります。

太田一高のような「進学校」と呼ばれている学校の進路指導は、定期テストや模擬試験の結果をもとに、生徒が合格できそうな大学や学部を絞り込んでいくパターンがよく見られます。でも、これは本末転倒です。将来やりたいことが先にあって、それを実現するために必要な学びは何かを考えた上で大学を選び、合格できるように勉強を進めるべきなのです。問題は、将来やりたいことを見つけられるような教育や指導が行われていないことです。高校3年生になってから、入れそうな大学を探すのは、まやかしの進路指導です。

もっとも、保護者や地域社会が、大学合格実績というわかりやすい数字でしか高校を評価できないのであれば、先生方も、偏差値の高い大学に生徒を何人合格させたかが自分の評価になると勘違いするのも無理はありません（もちろん合格したのは生徒が努力したからであり、先生が合格「させた」わけではありません）。あるべき教育の姿を実現するために、生徒一人ひとりの進路が本人の希望どおり実現したかどうかを追跡調査して、学校の評価指標にしないといけないのです。

◆教えなければいけないという間違った義務感

生徒の主体的な学びを促すための「総合的な探究の時間（探究活動）」も、先生方の悩みの種になっています。

ちなみに探究活動というのは、生徒が自分でテーマを決めて、それを探究していくという活動です。テーマは基本的に自由です。日頃疑問に思っていることを調べたり、モノづくりをしたり、フィールドワークに出掛けたりします。担当教員が間に入って、大学や企業などの外部機関とつなぐこともあります。

私は、探究活動の時間は、良い意味で先生が手を抜くことができるチャンスだと考えていました。生徒が自分で課題を見つけ、方法も含めて考えながら探究していくので、手出し口出ししないで、ただ見守るだけでよいからです。興味があることを深堀りしながら能動的に学ぶ活動なのですから、先生方は、その間、他のことに時間を使うこともできるはずです。生徒が困って相談に来たら、解決に向けたヒントを与えるだけでよいのです。ところが、ふたを開けてみると、総合的な探究の時間の関わり方に悩んでいる先生方が少なくない状況が見えてきました。

学校向けの放課後学習支援を中心に事業を展開する株式会社トモノカイが、２０２２年度から高校で必修となった総合的な探究の時間の指導について、全国の教員３６０人を対象にインターネットで実態調査を行ったところ（※１）、約半数の教員が、「生徒からの質問に答えるために情報を調べる時間や、大学の研究室などに問い合わせるネットワークがない」と答えたという結果が出ています。

私は、この調査結果に複雑な思いを抱きました。生徒のために自分ができることを模索するのは、もちろん悪いことではありません。でも、せっかくの能動的な学びの場なのですから、情報の調べ方や外部とつながる際のポイントだけを教えて、あとは生徒にまかせればよいのではないでしょうか。私は先生方に、「探究活動の時間は、ご自身のテーマで探究してもいいですし、テーマがなければ本でも読んでいてください。読みたい本もなければ他の校務をしてもかまいません」と言いました。探究活動の趣旨に照らしても、先生方の干渉や介入は最小限にしたいのです。ところが、先生方は、「何かしらの成果を必ず作らせてあげなければいけない」「教えてあげなければいけない」と思い込んでいるので、何もしないということができません。ひとコマの授業で、目に見える成果が何も得られないことに対する不安があるのです。でも、そもそも探究は、想定どおりの結果にならないところに価値や面白さがあります。なぜうまくいかなかったのか、自分で考えることに意味があるのです。

ベテランの先生ほど、自分が経験していない探究活動に関わる中で、生徒に何か質問されて答えられなかったらどうしようという不安や、プライドが傷つくことに対する抵抗があるのです。そうならないように、先生方はすごく頑張っているようでした。「教えるのが仕事」と思い込んでいるので、教えられなくなる状態になりたくないのです。

でも残念ながら、その頑張りは意味がありません。ひとりの人間が教えられることは、宇宙全体のほんの1ミリにも満たない小さなもの。私が知っていることや人に教えられることもそうです。だから、生徒に聞かれたことを、知らなかったら知らないでいいじゃないですか。すべてに答えなくてはいけないなんてことはありません。そんなことにこだわるよりも、知らないことを「どう学ぶか」の方が大切です。「教えなくてはいけない」という固定観念こそが、自らを苦しめているのです。教える立場であることにこだわり過ぎないで、生徒にとって最も身近な「学び手」としてのロールモデルになってほしいのです。

◆連鎖を断ち切ることが教育を変える第一歩

長年続けてきたやり方を変えるのは簡単ではないですが、連鎖を断ち切らなければ教育は変わっていきません。私が赴任した太田一高は、創立120年の伝統校なので、たくさんの卒業生がいます。ＯＢの中には自分が学んだ母校のイメージにこだわっている人もいて、「学校を変えるの？」とプレッシャーをかけられたこともありました。そのような外部からの抵抗には、校長自身が立ち向かわなければいけません。とはいえ、歴代の校長のほとんどが太田一高の卒業生でしたので、当事者が連鎖を断ち切るというのは相当の勇気とエネルギーが要ると思います。だから、できるのは、きっと私のようにしがらみのない立場の「よそ者」です。

改革への信念を貫くには、批判的なＯＢに対して、「なぜ、皆さんの母校を変えなければならないのか」をきちんと説明するしかありません。実際、それができたからこそ、改革を成し遂げることができました。ＯＢに忖度する必要がない立場だったということもありますが、それ以上に、生徒たちにとって真に実りある教育について、誰よりも真剣に考えているという自負と、それを形にしなければ、太田一高はやがて地域の中学生から選ばれなくなってしまうと本気で危惧していたことが、自分の言動のエネルギーになっていました。

第2章

変革期の校長の役割

自律的な学校づくりにおける校長のあり方とは

◆せっかくの改革がリバウンドする理由

学校改革は新しい取り組みの連続です。ところが、学校の年間スケジュールは、行事のタイミングが念入りに練られて完成された状態です。日課表も然りで、余白などありません。そのため、何か新しいことをやろうとしても、どこに入れるの?という話になります。そこに最終的な権限を持っている校長が、「この行事を後ろにずらして・・」などと言って無理矢理進めることも、できなくはありません。でも、それは私が目指す自律的な改革の精神に反します。

新しい取り組みをスタートできるかどうか、さらには、それがずっと続くかどうかの別れ目は、先生方に「納得感」があるかどうかです。校長が言っているからという「やらされ感」で取り組んだことは、校長が代われば元に戻ります。トップダウンで改革を断行した結果、校長の任期が終わったら元に戻ってしまった例は実際にあります。でも、先生方が改革の意義やメリットを理解し、生徒のために必要だと心から納得すれば、校長が代わった後も、学校は自律的に進化を続ける可能性が高いのです。

校長が何か新しいことをやろうと打ち出すときは、理由や目的を明確にして全職員に示した上で、実現方法については皆で議論してもらい、結論を委ねるのです。話し合いの過程で当事者意識が芽生え、「やっぱりそんなふうに変えた方がいいよね」となってはじめて、後戻りしない改革となり、背景や精神と共に引き継がれていくのです。

◆「対話」がカギを握る！

対話は教育の土台

価値観が多様化した社会では、自分の意見をきちんと伝えることが大事です。意見するときは相手が理解できるように丁寧に説明し、意見を受け取るときは、批判としてではなく、あくまでも一つの見方や考え方として捉えます。自分の考えや信念に反する意見に対して、あたかも自分の存在そのものが否定されたかのように強く反発する人がたまにいますが、人の数だけ異なる意見があり得るのですから、いちいち感情的に反応していたら疲れます。

フラット（対等）な立場で意見を出し合いながら、多様な視点や考え方を融合する共同作業が対話です。学校でも、対話が成り立ってこその教育です。私は、今の学校に最も必要なことは対話だと考えていて、職員会議などの場で先生方の議論が建設的に進むようになったり、授業や課外活動で先生と生徒がもっと対話的に取り組むようになれば、より理想的な学校に近づいていくと確信しています。

フラットな関係は対話が成立するための前提条件ですが、学校組織は管理職を除けば元々フラットなので、校長と教頭が先生方と目線をそろえさえすればよいのです。私は、学校内外のすべての人に対して、常に対等な立場でいることを心掛けていました。年齢や学年はもちろんのこと、相手の肩書も関係ありません。ＯＢや来客に対しても同様です。校長がそのように振舞っていれば、ベテランの先生が若手の相談にのったり、若手の先生が生徒に対して目線をそろえた対応をする、といったような変化が起きます。自然な形で、学校全体に対話の環境がつくられていくのです。

対話は改革の原動力

私は、対話の機会を増やすために、「いつでも校長室に来ていいですよ」と伝えていました。先生と一対一で話をしていると、本音が出てきます。職員会議でほとんど発言しない先生でも、たくさん話してくれます。「この先生はこんなことを考えているんだな」とこちらも興味を持ち、詳しく聞いていくとさらに話が広がり、だんだん深い話もできるようになります。そうやって信頼関係が築かれ、対話の土台が強固なものになっていくのです。「相手が興味を持っていること」に関心を示すことは、人間関係の基本であり、とりわけリーダーにはその資質が求められるのです。

校長室での対話から、意外な先生が学校教育の現状に疑問を持っていることに気づいたり、企業から教職に転向した先生が学校に抱いている違和感に触れることもありました。「そうか、先生も学校が今のままの状態ではいけないと思っているんだな」と知って安心したことが何度もあります。「もっと、こうしたほうがいい」「ここは、こんなふうに変えたい」など、改革への賛意や意見を伝えてくれることもありました。「教えるという行為は、特定の価値観を押し付けることのように思えて怖いのです」と打ち明けてくれた先生もいます。一方、自分が話をするときは、これまでの異分野での経験を紹介したり、学校や教育に対する考えを率直に伝えるようにしていました。

先生方との対話を積み重ねていくうちに、少しずつ職員会議の雰囲気も変わり、最初は批判的だった先生も好意的に反応してくれるようになりました。先生方が納得してくれれば、改革に向けてベクトルをそろえて、一緒に前に進むことができます。とりわけ、校務分掌（学校運営のために教員が分担する業務）のリーダーの先生が改革に前向きになると、影響力が大きいだけに改革は加速します。

学校は校長の「写し鏡」

「校長で学校が変わるのか」と問われれば、「変わります」と断言できます。変わろうとする、チャレンジ精神のある校長がいると変わります。校長の考え方や言動が先生方に伝播し、やがては生徒まで写し鏡のように変化します。校長が対話的であれば、先生と生徒も対話的になり、校長がトップダウン的であれば、先生から生徒へ頭ごなしに指示が出されます。

私の感触では、文部科学省や教育委員会といった教育行政にいる人たちは、改革に対する熱量が高いです。それが各学校におりてくると、温度が下がります。校長の多くは、そこまでの熱意や改革への納得感がないからです。学校は良くも悪くも校長次第なので、校長が「うちも、教育を変えよう！」と新しいことにどんどんチャレンジすると変わりますし、反対に、守りに入ってそれまでのやり方を踏襲していれば、何も変わりません。教育の現場は行政の思惑だけで変わるものではなく、むしろ校長がどういう学校にしたいかで、その中身が決まるのです。

◆多様性の時代のリーダーとして

主体性を「守る」

校長は、めざす学校像を「ビジョン」としてまとめ、学校全体に繰り返し伝えなければなりません。職員会議や全校集会などの場で直接共有することも大事です。そして先生も生徒も自律的に行動しはじめたら、あとは見守るだけです。ビジョンの明言と見守り。この2つがリーダーの第一の役割です。

リーダーが掲げるビジョンは、チームや組織の変化の方向性を示すものです。私は、一人ひとりの主体性を尊び、自律に向けた挑戦や学びを後押しすることを共有しました。人生100年時代をどう生きるかが問われる中、自ら学び続ける力や、キャリア形成を含めた自己プロデュース能力を身につけられるような教育が求められています。それを実現するには、学校そのものが自律的かつ創造的な場になる必要があると考えたからです。

生徒たちには、こんな話をしました。「偏差値の高い大学に入れば、有名企業に就職できて一生安泰。そんなことは今の時代はもうありません。たとえ大企業であっても、時代に取り残されれば存続できません。変革の過程で、雇用形態や業務に必要なスキルが変わっていくかもしれないのです。それに対応できるように、自分が今この学校で何を学ぶか、ちゃんと考えましょう」

実は、私が生徒たちに話す内容は、同時に先生方へのメッセージでもあります。リーダーが何度も同じことを言うことで、少しずつビジョンが浸透していくのです。一貫性をもって繰り返し伝えていると、最初は少数だとしても、必ず共鳴してくれる人が現れます。今までになかった動きが出てきて、だんだん広がっていきます。

校長がカリスマ的な存在である必要はありません。むしろ、カリスマ的な人がトップダウンで改革しても、結局、その人が考える「型」にはまっていくだけです。校長がいつも前面に出て指揮を執るのではなく、ビジョンだけを示して、あとは一人ひとりが自発的に行動し始めるまで見守るのです。信じて待つのは教育の基本。変化や成長への期待があるからこそ、できることです。

私は、主体性はすべての人に元から備わっているものであり、「育む」というより、「守る」べきものなのだと考えています。多様性の時代のリーダーは、メンバー一人ひとりが主体性を発揮できるように、環境を整える必要があります。

視野を広げる

組織のパフォーマンスや価値を高めるために、メンバーの個性や強みを融合させるという視点はとても大切です。そのためにリーダーは、自分が所属する組織や業界を越えて、さまざまな分野の情報を仕入れながら、視野を広げる努力を続けなければいけません。多様性を生かすためには、リーダー自身が、自分とは異なる意見や価値観を受け入れる懐の深さを備える必要があるからです。

組織の中で出世していくと、自分の指示どおりに周りが動くのが当たり前になり、他者の指摘や意見に耳を傾けなくなってしまう危険性があります。自分がいつも正しいと勘違いして、学びの機会を失ってしまうわけです。ひとつの会社で定年まで勤め上げることは決して悪いことではありませんが、学びを放棄してしまえば、その会社や業界でしか通用しない人になってしまいます。実は学校もまさにそうで、学校という狭い世界から一度も外に出たことのない先生方が多くいます。

学校では、学年や学期単位でやることが決まっていて、型どおりに1年が過ぎていきます。何十年も同じことの繰り返しで、経験が長くなれば、自動的に周囲への影響力も増していきます。先生方は、学びの場であるはずの学校にいながら、自らの成長を止めてしまっているようにさえ見えます。そのような環境にあぐらをかいているのは、外から見ればリスクでしかありません。

生徒たちは、そのような先生から教わることになります。彼らにとって、先生はリーダーの1人であり、身近な「人生の手本」です。私は、教員こそ学び続けてほしいという話もしていました。世界の広さと社会の変化を知ることが、これからの教育には不可欠だからです。県教委が主催する教員対象の研修もありますが、講師がまた教員や教育関係者だったりします。それでは枠をはみ出る経験ができません。先生方には、できるだけ学校の外に出て、未知の体験をしてほしいのです。

ところが、そうは言いつつも、現職の教員が校外の環境で学ぶのは、極めて難しい状況だと痛感しました。民間企業などで一定期間、インターンのような形で働かせてもらうという方法もありますが、先生が抜けると、担当のクラスや授業をどうするかという問題が出てきます。パズルを解くように時間割や校務分掌を組んでいますので、1人抜けても影響がとても大きいのです。人員の余裕はないどころか、むしろ不足している状況の中、たとえ短期だとしても、企業に出向くというのは現実的ではありません。

教員を増やすために予算をつけてくださいと言いたいところですが、第1章に書いたように、校長の立場では、お金についてはどうすることもできません。できることといえば、技術革新に伴う社会の変化について、職員会議の貴重な時間を割いて先生方に伝えることくらいでした。

オープンドア・オープンマインド

校長室のドアは、物理的に常時オープンにしていたわけではありませんが、「いつ入ってもいいですよ」と生徒たちを含めて全体に伝えていました。2年間の校長在任中、2クラス分以上の生徒が、昼休みや放課後に話をしに来てくれました。また、先生方もふらっと入ってきて、雑談してくれました。30代のOBの方が来られたとき、「在学中は一度も校長室に入ったことがないです」と教えてくれたのが印象に残っています。

「いつでも入っていいですよ」という校長は、珍しいのかもしれません。校長は、ある意味、権威主義的な立場であるという考えが、教育界にはあるようです。校長室に入るのは、表彰されるとき、もしくは懲戒や特別指導を言い渡されるときくらい、というのが一般的なのでしょうか。でも、校長室をオープンにすることは、メリットはあっても、何らデメリットはないというのが、私の実感です。直接話ができたほうが、先生方の本音を知ることができますし、生徒の状況もよく分かります。

対話は、権威主義の対極にあります。対話を望むのであれば、リーダーはオープンマインド（心を開いた状態）でなければなりません。どのような意見にも偏見を持たずに耳を傾け、自分になかった新しい視点や考え方を学ぼうとする姿勢が求められます。また、自分の弱さや人間の多面性を認め、広い心で柔軟に物事を受け入れる寛容さも必要です。対話が改革の原動力だと信じる私にとって、校長室をオープンにすることは必然でした。

◆どう違う？　主体的・自主的・自律的

主体的、自主的、そして自律的の3つの言葉の違いについて、次のような説明があります。まず、自主的というのは、やることが決まっていて、言われなくても自分からやることです。たとえば校庭の花に水やりをする係になった生徒が、先生に言われなくても毎朝ちゃんとお花に水をやる、といったようなことです。

これに対して主体的な行動というのは、雨が降った日には水やりをしなくてもよいと考えて判断できること。そもそも毎日水をやる必要があるかどうかも含めて、「何のためにそれをやっているのか」を意識しながら行動できることです。

そして自律とは、自分はどうあるべきか、どう行動するべきかを考えて、自らをコントロールできることです。そのためには、主体性があることが前提になります。自律的な人が集まった組織では、リーダーに指示されなくても、メンバー一人ひとりが、組織のビジョン達成に向けて自分のやるべきことを考えながら、主体的に動きます。

私は、学校を自律的な組織にすることが、教育改革の重要な第一歩だと考えています。すでに触れたように、その土台となるのはビジョンと対話です。

◆ビジョンの大切さ

手段の目的化を防ぐ

校長がビジョンを設定する際には、学校や教育に関する根源的な問いと向き合うことになります。言い換えれば、ビジョンは学校の存在意義そのものを規定するものでもあるのです。何のために学校があるのか？　そもそも教育の目的は何なのか？を考えながら、現状と理想とのギャップを明確にする必要があります。この場合の理想がビジョンになります。

今の学校では手段が目的化してしまっていることがよくあります。たとえば漢字を覚える方法はたくさんあるのに、全員に一律に漢字ドリルをやらせるのは、その最たるものです。漢字を覚えて使えるようになることが目的なら、その目的を達成するベストな方法を生徒と一緒に考えればよいのです。自分の力で目的を達成できるように支援するのが教育の意義です。初めからやり方を押しつけていては、主体性が失われます。

進路指導でも、「あなたの今の成績で入れるこの大学に行きなさい」というのは目的を見失っているとしか思えません。私は、「偏差値が高い大学に行くことが、生徒の将来の幸せにつながるわけではないことを理解してください」と先生方に言い続けていました。いくらいい大学に入っても、生徒が将来ハッピーにならなければ意味がないのです。大学で学ぶことが、将来の夢や目標の実現に近づくことになるのか。そのような視点がないまま進路選択を迫るのは、無謀としか言いようがありません。将来のキャリア形成を見据えて、生徒が自ら進路選択できるように支援することが、本来の進路指導です。

目的と手段の混同が起こるのは、学校としての第一義的な目標や目指す方向性が共有されていないからです。学校という組織を維持することが目的化してしまい、ビジョンなき運営がまかり通っているからです。ビジョンがなければ、解決すべき課題が何なのかもわかりません。学校が自律的な組織であるためには、リーダーである校長が明確なビジョンを掲げて、校内全体に浸透させていく必要があります。ただし、細かく指示を出してはいけません。先生方の意識を変えることにフォーカスし、学校としてどうあるべきかを繰り返し示すのです。

羅針盤

組織のビジョンを実現する方法は、人それぞれでよいと思います。物事の進め方や考え方はそれまでの経験や環境で変わりますし、無理にやり方を押しつけて、それこそ型にはめるようではうまくいかないでしょう。先生方は、担当教科も違えば赴任経験のある学校のタイプもさまざまです。教師としての能力を信じてまかせればよいのです。学校のビジョンを実現するために先生方がとった行動については、結果が伴わなかったり、何か問題が起こったとしても、ビジョンを示した校長の責任です。うまくいかなかったときの対策を考えておくのもリーダーの仕事です。先生方にまかせて、結果に対する責任は自分がとる。その覚悟を持てるかどうかが、改革実現の分かれ目になるのです。

組織は常に課題を抱えています。解決に向けて道筋をつけるためにも、ビジョンが必要です。ビジョンの伴わない課題解決は、迷子なのに、カーナビで目的地を設定しないまま走り始めるようなものです。

とりわけ改革を伴う場合、ビジョンは必須です。変化せよというだけでは、何をどういうふうに変化させればよいのかわからないので、改革は進みません。変革期の校長が真っ先にすべきことは、ビジョンを掲げることです。目的地を把握していない船長のもとでは、乗組員も乗客も不安になります。

私は校長になる前に、大学教員と平行して、市内の楽団の事務局長もやっていました。楽団のメンバーは全員、プロの演奏家でした。私は全くの専門外だったので、演目や演奏には口を出さず(出せず)、もっぱら、この楽団を地域にとって価値ある存在にするにはどうすればよいかについて、知恵を絞りました。楽団と社会の状況を客観的に見つめながら、ミッションの再定義を含めた検討を進めたのです。最初はメンバーとの間に壁を感じたこともありましたが、私が真剣に楽団のことを考えていることが伝わったのか、次第に仲間として対等に接してくれるようになりました。

この経験は、学校改革でも生かされました。教育のプロである先生方からみれば、私は現場経験がない素人同然の門外漢です。信頼関係を築くには、彼らをリスペクトし、こちらから心を開いて、どんなことでも素直に学ぶ姿勢が大事です。その一方で、太田一高の価値を高めるにはどの課題にフォーカスすればいいか、徹底的に考え抜きました。

未来の姿を共有することで、仲間意識が芽生えます。ビジョンは、課題解決の羅針盤であると同時に、メンバーをつなぐ触媒にもなるのです。

リーダー自ら体現する

私は、周囲に対して、常に一貫した考えを通すようにしていました。対話が成立する環境を創ると決めていたので、若手の教員だからと強い口調で話したり、ベテランの先生に対して遠慮するようなことはしませんでした。また、主体性を守るという観点から、困りごとの相談に対しては、自分で解決できるようなアドバイスを心掛けました。主体的に行動してほしいと言っているのに、解決方法を指示したり、自分の考えを押しつけたりするのは筋が通らないからです。

言っていることとやっていることが違うと、信頼関係が損なわれます。リーダーは、ビジョンの体現者として、整合のとれた言動が求められるのです。校長が学校全体にビジョンを浸透させ、実現に向かわせるためにも、これは必須条件であり、最重要ポイントです。

私は、校外に対しても、できるだけ自分の考えを伝えるようにしていました。たとえば県の教育委員会に太田一高の改革方針を明言していました。公立学校の場合、「めざす学校像」は教育委員会から各学校に提示されるのが一般的で、多くの校長は、それに従って学校の運営方針を定めます。自分でビジョンを練らなくても、職員向けには「教育委員会の指示」と言えば済んでしまいます。仮に実現しなくても、自分の想いとは切り離れているので、痛くもかゆくもありません。でも、それでは校長になった意味がないと思うのです。自分の理想とする学校を実現するのは、校長に与えられた唯一の特権ではないでしょうか。

校長のビジョンと具体的な要望を伝えておくことで、教育委員会としてもサポートしやすくなります。実際に、探究活動で使用する人型ロボットの手配に協力してくれたり、外部講師を紹介してくれたこともあります。めざす学校像は、トップダウンで一方的に与えられるものと捉えるのではなく、校長のビジョンと融合してこそ価値あるものになると考えるべきです。

◆教頭とは車の両輪

ベクトルをそろえる

学校改革は、校長の考えだけで進めるのと、教頭と二人三脚で進めるのとでは、実現できる内容とスピードに雲泥の差があります。教頭は、日頃から先生方とコミュニケーションをとっているので、それぞれの悩みや考えを良く理解しています。また、長年の教員経験から、校長が見落としている問題点などを指摘してくれます。教頭とビジョンや課題意識を共有し、ベクトルをそろえて改革を進めることができれば、これ以上心強いことはありません。

私は、公募で採用されて1年目は、副校長という肩書で太田一高に赴任しました。太田一高は、全日制と定時制の2つの高校と、私が赴任した年に開校した附属中学校から成ります。校長は3校の兼任ですが、教頭はそれぞれ1人ずつ配置され、そこに私が副校長として加わった形です。それまで副校長というポジションはなかったのですが、公募採用の校長が最初の1年間在籍するために特別に設けられました。校長と同様、全日制、定時制、そして附属中の3校兼任です。

職員室が分かれていたので、3人の教頭の普段の仕事場所も別々でした。私は、全日制の職員室の一番奥に、教頭と隣り合わせで席をもらいました。彼は、私が副校長時代に最も多く話をした教員です。前年までは附属中の開設準備室の担当教諭をされていて、教頭としては1年目でした。最初はふたりとも右も左もわからない状態で、毎日相談しながら業務に取り組んでいました。出口が見えないトンネルの中を手探りで一歩ずつ進んでいるような感覚でしたので、まさに苦楽を共にする僚友のような存在でした。先生方が退勤した後、暗い校内をふたりで懐中電灯片手に見回りをしたのは、今となっては懐かしい思い出です。そして、一緒に校舎の通用口を出ると、彼から「乗っていきませんか」と声をかけられることがありました。私は学校から歩いて10分弱のところにあるアパートに住んでいたのですが、そのわずかの距離を彼が車で送ってくれたのです。車内では、その日の出来事や業務内容を振り返ったり、プライベートなことを打ち明けたり、ほんの数分間の会話ですが、いつしか私たちにとって大切な時間になりました。この車内チャットは私が校長になった後も続き、互いの信頼を強固なものにしてくれました。目には見えないものの、太田一高の改革の重要な礎になっていたことは確かです。

ミラクルチーム

赴任２年目に校長になり、１年かけて練り上げた改革プランを実行に移す時がきました。公立学校は年度末に人事異動があるので、管理職もメンバーの入れ替えがあり得るのですが、幸いにも全日制と定時制の教頭は続投となりました。附属中の教頭は市内の小学校から転入してこられましたが、新しい取り組みに前向きな印象で内心安堵しました。

私にとって嬉しいサプライズだったのは、県教委で主任指導主事をされていた方が、全日制の2人目の教頭として配属されたことです。私の校長昇任に伴い副校長のポジションはなくなりましたので、管理職の総数としては変わらないのですが、教頭が2人というのは、改革の駆動力が倍になったようなものです。しかも、この方が私の教育への思いに100％賛同してくれました。教育の在り方や、学校がどういう学びの場にならなくてはいけないかなど、私と全く同じ理想像を持っていました。

教頭が私のビジョンを心底から共有し、その実現に向けて先生方をサポートしてくれたことは、本当にありがたかったです。年功序列が根強い環境の中、改革に批判的な年配の教員や、伝統的なやり方を重んじるベテラン教員がいると、若手の先生方がビジョンに共鳴してくれたとしても、彼らの想いや行動にブレーキがかかってしまうことがあります。教頭は、学校をより良くする提案については主任クラスの協力を得るなど、積極的に支援してくれたのです。チャレンジしたい先生にとってみれば、100人の味方を得たのも同然で、モチベーションも上がるでしょう。

学校改革への熱量は人それぞれで、今のままではいけないと強く思っている人もいれば、変える必要などないと最初から距離を置いている人もいます。私は、どのような考え方も間違いではないと思っているので、無理やり改革に協力してもらうようなことはしません。だからこそ、私のビジョンに共鳴してくれる人、変わらなくてはいけないと本気で思っている人を、きちんとサポートしたかったのです。でも、それは教頭の理解と協力なくしてはできないことです。

先生方も、教頭のサポートを得られることイコール校長のバックアップがあることだと分かっているので、本人にとって精神的なよりどころとなるわけです。チャレンジしたい人たちが動くことにより、初めの小さな変化から広がっていって、様子見を決め込んでいた人たちにも影響を与えるようになり、改革の新たな駆動力が生まれます。そうやって学校全体が活性化していきます。

教頭先生は、私が朝出勤する前に、校長室の机に太田一高や他校の新聞記事の切り抜きを置いてくれていることがありました。探究活動で先進的な取り組みをしている学校の事例など、改革の参考になるような情報をたくさん共有してくれたのです。民間人校長は校内で孤立しがちだという話を聞くことがありますが、僚友に恵まれた私は、一度もそのように感じたことはありません。

私の校長時代の2年間は、ミラクルチームで改革を進めることができました。今思えば、とても幸運なことでした。もしかしたら、単なる偶然ではなく、茨城県の「必ず改革せよ」というメッセージだったのかもしれません。

第3章

改革の第一歩は小さく、戦略的に

小さな波も、やがては大きなうねりになる

◆信頼はすべての基本

先にも触れましたが、茨城県独自の公募校長の登用制度として、赴任1年目は副校長として、教頭先生と一緒に職員室で仕事をします。これは、とても良い仕組みだと思います。授業や課外活動の様子を見たり、行事を中心とした1年間の動きを体験したり、学校運営の基本や要点を校長から直接教わったりすることができます。また、先生方と日々コミュニケーションをとることで、お互いに理解を深めることができます。

私がいつも意識していたのは、先入観を持たずに話を聞くことでした。先生方が話してくれた内容を受け止め、その上で自分の意見を少しだけ伝える。すると、先生方は腹を割って話してくれるようになります。基本的なスタンスは、中等教育の素人であることを自覚して、先生方から学ぶこと。実際、教わることばかりでした。教務主任などベテランの先生方は、長年の経験から課題と感じていることなどを話してくれたのですが、自分にとって新たな気づきがたくさんあり、校長になってからの学校運営や改革プランを具体化する上でとても参考になりました。

私も、教育に関する考えや、太田一高の状況について思っていることなど、率直に伝えました。会話を積み重ねていくと、私と近い考えを持った先生もいれば、これまでのやり方を踏襲しようとする先生もいることがわかってきます。どちらが良くて、どちらがダメとかではなく、先生方一人ひとりの考えを知ることができたのは大きな収穫でした。

日常の細かいことから、生徒の事故などの大きなことまで、目の前の問題を解決するために先生方と相談しながら対応した経験は、校長として学校を預かる上で必要な経験だったと思います。何か問題が起きたとき先生方がどのように対処するのか、生徒の状況や保護者の意向がどのように伝わってくるのかが具体的にイメージできます。副校長時代のそのような経験は本当に貴重でした。

職員室に夜遅くまで残っていると、抱えている問題を相談しにきてくれたり、お菓子を持ってきてくれることもありました。また、何気なく聞こえてくる会話から、クラスや生徒の状況を把握できることもありました。

学校の状況や課題は、入ってみて初めてわかることばかりです。先生方にとっては当たり前になっているようなことでも、私にとってはどれも新鮮でした。生徒の様子や授業の雰囲気などを細かく観察しながら、改善すべき課題を整理していきました。

学校をより良くしたいと考えている先生と話をしていると、このままではいけないと思っていても、具体的にどう改善すればよいのかがわからないだけだということが見えてきました。私の案を伝えると、賛同してくれたり、逆に問題点を指摘してくれたりします。先生方とのコミュニケーションを通して、私の改革プランは解像度を増していったのです。

副校長としての1年が終わろうとしていたとき、ある先生から「校長になったら化けないでくださいね」と言われたことがあります。これまで話してくれた改革の内容に期待しているので、いざ校長になったら全く違うことをやるなんてことは言わないでくださいという意味です。このとき、先生方も私の考えを聞きながら、心の準備をしてくれていることがわかりました。

もしも赴任1年目から校長になり、１人校長室で仕事がスタートしていたなら、状況は大きく異なっていたでしょう。学校のことを何も知らない状態で学校運営を担うのは、想像以上に難しいというのが私の率直な感想です。改革に取り組むのであれば、なおさらです。

民間人校長は、それまでの経験や立場を一旦クリアして、先生方や生徒たちと謙虚に向き合うことが大事です。企業では当たり前とされている考え方や価値観も、教育現場で通用するとは限りません。自分の成功体験を押しつけるのではなく、みんなで新しい挑戦を始めるのだと考える方がうまくいきます。

◆開口一番「私は型にはまるのが嫌いです」

校長が生徒たちに伝えるメッセージは、学校のムード作りに大きく影響します。私は、校長になって最初の全校集会で、「型にはまるのが嫌いな人間です」と言いました。この言葉は半ば思いつきで出たのですが、生徒たちが一般的に校長に対して持っているイメージを崩したいという思惑がありました。

集会は、学校の体育館で行われました。ステージに上がり、演台の後ろに立って簡単な挨拶をするところまでは型どおりでしたが、おもむろにマイクを外して演台の前に出ていくと、生徒たちは少し驚いた様子でした。そこで「スティーブジョブズのように登場したかった」と話し始めると、少しざわついて、私を見る目が明らかに変化しました。「おや？　これまでの校長先生と違うぞ」と感じてくれたのでしょう。

「私は型にはまるのが嫌い」というのは、「皆さんも主体性を持って学び、自由に生きてほしい」というメッセージです。「主体的に・・」といきなり言っても、生徒たちの心に響きません。むしろ、うっとうしく思われるでしょう。10分間の校長挨拶は、そこにいる生徒の人数×10分の価値がなければなりません。どこかで聞いたようなつまらない話をするのは、時間泥棒で罪なことです。私は校長として、太田一高をどういう学校にしたいのか、生徒たちにどうなってほしいのかを伝えるために、あえてこのフレーズを選んだのです。

これには後日談があります。その集会にいた１人の生徒が、卒業式の日に手紙をくれました。「校長先生が、型にはまるのが嫌いだと話されたのがとても印象に残っています。学校が変わるかもしれないとワクワクしました。そして、実際にそのとおりになりました。それまでの自分は、殻を破ることができず、挑戦することに臆病になっていました。でも、校長先生の言葉を聞いて、そして実際に学校が変わったことを経験して、やっぱり勇気を出して自分から動かなければいけないのだと分かりました。これからは、自分がやりたいことを実現できるように、前向きに挑戦していきます」という意味のことが書かれていました。

このような手紙をいただくのは、校長冥利に尽きます。生徒も先生も校長の話をよく聞いて覚えているのです。そこで何を話すかは、とても重要です。

◆校則が変わった！

校長になってすぐの４月中旬に、生徒会役員と懇談しました。学校の現状をどのように感じているのか、改善したいと思っていることなどを含めて、自由に話してもらいました。

最初は緊張気味だった生徒たちも、私が前職の経験などをネタに雑談をしているうちに、少しずつ打ち解けてきました。校則に対する疑問、3年に1回の文化祭を毎年開催にしたいなど、いろいろな意見や提案がありました。おとなしく見えた生徒たちでしたが、胸の内には、自分たちの学校をより良くしたいという熱い思いを持っていることがわかって安心しました。

対話がひと段落したとき、生徒会長が私に向かって言ったことは、今も鮮明に覚えています。

「これまで歴代の生徒会役員が、学校に対する要望を先輩から引き継いできました。でも、学校に伝える機会は一度もありませんでした。ましてや、校長先生に直接聞いていただけるなんて夢のようです」

私は、この言葉を聞いて、思わずのけぞりそうになりました。学校の主役は生徒たちです。彼らの思いや考えを聞かずして、学校運営などできるはずがないと思うからです。これまでの校長に代わって、彼らに謝りたいくらいでした。

懇談の中で出された要望のひとつに、「休日の部活動時に体操服での登下校を認めてほしい」というものがありました。週末や長期休業中など、部活動のためだけに学校に来るときも制服で登下校しなければならないのは、効率が悪く、夏場は熱中症への不安もあるということでした。確かに一理あります。そこで、私は次のように伝えました。

「わかりました。まずは、要望をかなえるために必要なアクションを考えてみてはどうでしょう」

彼らは、すぐに行動に移しました。全校生徒にアンケートを行い、賛成意見がどの程度あるのか調べたのです。そして、最初の懇談会から2か月後、その結果をプレゼンしてくれました。手渡された資料は、100ページを超えていました。全体の集計結果だけでなく、賛否の理由や意見も細かく記されていたのです。アンケートの結果は校則の変更に93％が賛成というものでしたが、残り7％の反対意見に対しても、一つひとつ生徒会からのコメントが付いていました。多数決の結果だけで強引に変えるのではなく、できるだけ多くの生徒に納得してもらえるように丁寧に進めていたことに、とても感心しました。

その後、職員会議で検討を重ね、生徒手帳の携帯を条件として、休日部活動時の体操服登下校を許可することになりました。生徒の働きかけによって学校のルールが変わった瞬間です。このとき変わったのは校則のほんの一部ですが、私にとっては学校改革に向けた大きな一歩になりました。

新しい学習指導要領が求める「主体的・対話的で深い学び」を実践する上で、生徒たちが主体的に学校生活を送っているかどうかという点は、本質的に重要です。なぜなら、主体性というものは、教えたり、与えたり、植え付けたりできるものではなく、本人の中に元々ある興味や関心、夢や理想などの内的動機によって生み出されるからです。しかも、他者から強制されたり、報酬をちらつかせられると簡単に消えてしまう、蜃気楼のような側面もあります。

生徒会の皆さんは、自分たちが理想とする太田一高のイメージをしっかり持っていて、現状とのギャップを解消することで、学校をより良くしたいという純粋な想いにあふれていました。彼らの中に見出した主体性は、私にとって改革への希望と確信を与えてくれるものでした。

◆生徒たちに決めさせる理由

制度上、校則を定める権限は校長にあります。ブラック校則と言われる校則を守らせるのも、校則なしで自由にさせるのも、校長がカギを握っているのです。でも、だからといって校長が勝手に変えてしまっては、ただの押しつけにすぎません。大切なのは、ルールをつくるプロセスを、生徒たちが当事者として体験することです。さらに言えば、学校の重要事項を校長が独断で決めたところで、うまくいくことはまずありません。日々生徒と接し、教育活動を担っているのは先生方です。彼らの理解と協力が不可欠です。

残念なことに、いまだに多くの学校では、生徒を管理しやすいかどうかという基準でルールが決められているようです。太田一高も例外ではありませんでした。靴下は白でないといけない、などはその典型です。ルールに違反しているかどうかパッと見でわかるので、管理しやすいのです。でも、生徒から「なぜ、白でなければいけないのですか？」と聞かれたときに、「校則で決まっているから」としか答えられません。それでは何の意味もありません。生徒は、当然不満を持ちます。

「(髪型の)ツーブロックは禁止」という校則もありました。その本当の理由は、地域や保護者の目が気になるからだと思います。ツーブロックを許した結果、もしクレームが来たら、先生方としては、許可している理由を説明できないので困るわけです。「この多様性の時代に、特定の髪型を禁止する理由などありません」と説明すれば済む話なのに、要は、批判に耐える自信がないのです。

太田一高では「カーディガンの派手な色は禁止」だったので、あるとき職員会議で「派手な色ってどんな色ですか？」と問いかけたら、先生方は答えられませんでした。明確に線引きできないのであれば、ルールにしてはいけません。

休日の部活動時の体操服登下校がＯＫになったことをきっかけに、その後、靴下とカーディガンの色が自由になり、次に生徒は「髪型を自由にしたい」と提案しました。職員会議では、予想どおり反対意見も少なくなく、最初は揉めましたが、ビジョンに照らして議論を進めた結果、ついに髪型も自由化されました。「金髪に染めたらどうしよう」と不安な先生もいたので、「悩み事や心境の変化の表れかもしれないので、それをきっかけに生徒に話しかければよいのでは？」と伝えました。なかなか納得できない様子でしたが、学校として髪型は自由だと認めたのですから、染めたらどうしようと悩むこと自体、無意味です。

生徒たちにとっては、押しつけられたルールではなく、自分たちで決めたルールなので、これを守る義務と責任について納得感があります。当事者同士が話し合いながらルールを作り、決めたルールは全員で守ることが、民主主義の根幹です。不都合が生じたら、また話し合って改善すればよいのです。対話を積み重ねながら、より良いルールにしていくのです。そのような経験を積んだ子どもたちが社会に出ていくと、社会全体がより良くなっていくはずです。

私が学校を辞めてからのことになりますが、制服も変わりました。制服リニューアルの検討は、私が校長1年目の秋から始まっていました。教頭が音頭をとって検討チームを立ち上げ、生徒の意見を取り入れながら議論が進んでいきました。学ランからブレザーに変更することが決まったところ、噂を聞きつけたOBからクレームに近い問い合わせをいただいたことがあります。でも、OBが新しい制服を着るわけではありません。当事者ではない人たちからの批判や地域の目を気にするよりも、学校の主役である生徒たちが、先生方と一緒に考えながら決めた制服だということを大切にしなければなりません。教育者であれば、そこに至るまでのプロセスに意義があることを、当然に理解できるのではないでしょうか。教育の本質であるからこそ、校長が批判の盾となってでも守り抜かなければならないのです。

◆ 本音が言えて認め合う職員会議に

校長になって半年ほど経ったころには、職員会議もだいぶ建設的になっていました。

どんな意見も受け止めるスタンスで臨んでいたので、先生方も自由に発言できるようになっていたのでしょう。

以前の職員会議は、校長に忖度する風潮がありました。私は、忖度文化をなくすために、終始ポーカーフェイスを装うことを自分に課しました。会議は、何を言っても大丈夫という安心感があってはじめて、活発な議論が交わされ、建設的な意見が出るようになります。いわゆる「心理的安全性」の保証です。そのためには、校長は、どんな意見に対しても中立な立場を貫かなければなりません。会議で出た意見に校長が賛成しているのか、反対なのかは、校長が黙っていたとしても、表情やしぐさから読み取られてしまいます。また、先生方は校長がどういう考えを持っているか知っているので、意見が出たときの校長の反応を細かく観察しています。そこで首をかしげたりすれば、「やっぱり校長はこの意見に反対なんだな」と思われてしまいます。ポーカーフェイスを保つのは難しいことですが、自己訓練だと思いながら会議に臨んでいました。

会議でどういう結論が出ようとも、大事なのは先生方の「納得感」です。先生方が納得していなければ、自律的に動いてくれることはないでしょう。私は、先生方に責任をとってもらいたいわけではありません。自ら湧き出た意志によって動き、当事者意識を持って学校運営や教育活動に携わってほしいのです。

第4章

持続的な改革に向けて

校長が代わっても受け継がれる改革の精神

◆内なる想いを汲み取る

繰り返しますが、大人が決めたルールや型を押しつけていては、生徒の主体性は発揮されません。生徒の希望や心の内にある想いを汲み上げ、形にできるようサポートするのが教師の役割です。これは、生徒の「学び方」にも影響する重要ポイントです。教える側の「枠」の中で指導している限り、教わる方は、その枠を超えられません。部活動でも、部員の提案を無視して、何から何まで細かく指示を出す顧問がいますが、それでは生徒が考えなくなってしまいます。また、指導者のスキルや能力を超えて成長することもできなくなります。

太田一高では、生徒の提案を尊重する文化が、少しずつ根付いてきていました。あるとき、高校2年の生徒から、「パソコンが得意な生徒が、新入生にタブレットの使い方を教えるような仕組みをつくりたい」と提案がありました。国のGIGA（ギガ）スクール構想により、生徒は1人1台タブレットを所有し、授業や課外活動で活用します。新入生は、入学時のオリエンテーションでタブレットの使い方を学ぶのですが、レクチャーを担当していたのは、校務分掌の情報部の先生方でした。生徒に頼めるのであれば、先生の負担が減りますし、教える側の生徒にとっても勉強になります。そこで、有志生徒を情報部の一員にすることになりました。校務分掌に生徒を取り込んだ形ですが、以前の太田一高では考えられなかったことです。

また、生徒会では、投稿された意見や要望を精査して、必要と判断したものについては学校に提案したり、実現に向けて交渉する流れができていました。その中のひとつに、飲料自動販売機を校舎の外に設置してほしい、というのがありました。昇降口を入ったところにすでに２台設置されていたのですが、週末や長期休業中の部活動のときに校舎に入れないことがあり、水分補給に支障があるというのが理由でした。

職員会議に諮った結果、１台増設することが決まりました。ところが、設置までの準備が大変で、入札による飲料販売業者の選定からはじまり、設置場所の土地（県が所有）を業者に貸し出す手続きや電気配線工事、さらには電気代を按分《あんぶん》するための電力消費データの採取など、事務室の職員をはじめ、多くの人の手を経ることになりました。こういった情報を生徒たちにフィードバックして、見えないところで協力してくれた人がいることを理解してもらうことは、まさに生きた勉強です。

◆ 探究活動は挑戦の起爆剤

潜在力を引き出す

太田一高では、私が副校長だった2020年度まで、週1コマの「総合的な学習の時間」（2022年度から「総合的な探究の時間」に名称変更）は、行事や会議に充てられることが多く、探究活動は実質的にほとんど行われていませんでした。探究活動の進め方について具体的な方針が定まっていないどころか、教育上の意義すら共有されていない状態でした。

生徒の主体性を引き出すという点で、探究活動は極めて有効です。私は、校長になってすぐ、探究活動に力を入れることを宣言しました。総合的な学習の時間は、決してバッファーのコマではなく、探究活動を行うべき時間だということを明確にしたのです。

また、テーマ選定を含めて、生徒にはできるだけ自由に活動してもらうことや、課外での活動についても可能な範囲でサポートしてほしいとお願いしました。そして、変化はすぐに現れました。探究活動の意義を理解し、それまで全く行われていなかったことに不満を抱いていた先生方が、チャンスと感じたのでしょう。

特に印象的だったのは、高校1年の総合的な学習の時間で「ビブリオバトル」という企画がスタートしたことです。5、6人でグループを作り、自分が選んだ本の良いところ（おすすめポイント）を、5分間で他の生徒にプレゼンします。そして、プレゼンの良さや、その本を読んでみたくなったかなどについて、互いに点数を付けます。

この企画は、クラスの枠を超えてグループを作るという大掛かりなものでした。学年主任の理解はもちろんのこと、担任団全員の協力なくしては実現しないものです。しかも、賞を3つ用意して、入賞した生徒のおすすめ本は水戸市の書店に置いてもらえるというのです。

県庁所在地である水戸市には大型ショッピングモールがあり、ビブリオバトルを企画した先生は、なんと、そのモールのテナントとして全国展開している書店に協力を依頼していたのです。しかも、そのお店の入り口の、一番目立つところに太田一高コーナーを設けていただきました。そこには、生徒が選んだ本と、おすすめポイントを書いた手製のポップがきれいに並べられていました。それだけでも生徒にとっては貴重な経験ですが、さらに、そのお店からは毎週、売れた冊数のデータを提供していただいたのです。リアルな数字に触れることで、もっと売れるようにポップを改善するなど、新たな行動のモチベーションになったことでしょう。

ビブリオバトルの趣旨としては、探究活動を進める上で必要となる、自分の考えや意見を的確に伝えるスキルを身につけるという目的がありました。それを校内だけの活動で終わらせなかったところに、意気込みを感じました。公立学校の先生がそこまでやるとは思っていなかったので、私が教員に対して抱いていたイメージは、良い意味で覆されました。

教頭も「それは面白い！」と乗り気で、全面的に応援していました。もし管理職が「そこまでしなくてもいいのでは？」と考えたなら、校内の活動で終わっていた可能性が高いです。やりたいことができる学校であることは、生徒にとってだけでなく、先生方にとっても重要なことなのです。

学年を越えた有志チームが放課後に活動するなど、太田一高の探究活動はどんどん広がっていきました。ソフトバンク社の人型ロボット「Ｐｅｐｐｅｒ（ペッパー）」を文化祭の案内係として活用したり、学校生活の改善に役立てる提案をして国際大会に出場したチームもあります。近くの特別支援学校の生徒たちのために、文字だけの給食メニューから写真入りのメニューに変換するＡＩアプリを作ったチームでは、プログラミングの知識ゼロからのスタートでした。メニューを見て給食を楽しみにしてほしいという想いだけをエネルギーに、放課後の時間にＩＴ企業のエンジニアに教えてもらいながら、アプリを完成させたのです。太田一高の生徒の優しさと素直さが良い形で生かされた例です。また、空飛ぶ車を活用する観光促進のアイデアを生み出した異学年探究チームは、観光甲子園の全国大会で上位入賞を果たしました。少子高齢化が進む自分たちの街を少しでも盛り上げたいという想いが原動力でした。

探究活動は、太田一高の潜在力を大いに引き出してくれたと同時に、さらなる展開の起爆剤にもなりました。コンテストや大会での入賞は、あくまでも結果にすぎません。純粋な興味や、とにかくやってみたいという想いのもとに、未知の領域や未経験のことに挑戦し、学びを獲得していくことに価値があります。このような学びこそが人生を豊かにするのであり、社会に出たときに役立つのです。

文化祭革命

「生徒が文化祭を毎年やりたいと言っている」

特別活動部の部長の先生が、あるとき職員会議でこのような発言をしました。太田一高の文化祭は3年に1回の開催が恒例になっていましたが、それを毎年実施に変えたいというのです。学校行事については、職員会議で各学年や担当の校務分掌から計画案が出され、たいていの場合、ほぼ原案どおり実施されます。行事の内容を大きく変える理由がないからです。文化祭は特別活動部が担当ですが、通常であれば、開催年の会議で実施計画を資料として提出するだけで済みます。文化祭の内容もほぼ固定化していたので、あらためて議論するようなこともなく、計画通り承認されて終わりです。

でも、このときは生徒から出された新しい提案、しかも開催頻度を見直したいということですので、当然ながらすんなり承認というわけにはいきません。案の定、先生方からは「費用はどうするのか」「文化祭がない年に行っている芸術鑑賞会はやめるのか」「毎年って本当にできるんですか」といった反論や不安の声がたくさん出ました。

職員会議が終わった直後、その部長の先生が校長室に来られ、「いやー大変でした。いろいろ言われちゃいました」と半ば自嘲気味に会議での風当りを振り返られました。私は、「そうでしたね。お疲れさまでした」とねぎらいつつも、その先生の表情から、多少の手応えを感じていると思いました。生徒のためになることを自分は提案している。そう心の中で思っていたのでしょう。彼が校長室を出たあと、私は教頭先生に、彼だけが矢面に立つことがないようにバックアップしてくださいとお願いしました。

太田一高のＯＢでもある彼は、当初は、私のことをやや批判的な目で見ていました。職員会議で、「鈴木校長は学校を変えるつもりなのですか」と改革をけん制するような発言をしたこともあります。ところが、彼が顧問を務める部活動の様子を見に行き、その場で学校に対する想いを聞いたり、私の考えを率直に伝えていくうちに、彼の態度が少しずつ変化してきたのです。校長室にもふらっと来てくれるようになりました。あるとき、雑談混じりの会話の中で、彼が「自分たちは社会の激変の中にいるのに、それに気づいていないだけかもしれないですね。あとで振り返ったら、確かにあのとき変化の波がきていたのだとわかるのかもしれませんが、それでは遅いですよね」と言いました。この言葉に私は鳥肌が立つほど感激しました。彼のように太田一高を愛する先生が、未来に向けて学校をより良くするために改革が必要だと納得してくれたことは、とても心強かったです。対話の重要性をあらためて実感した瞬間でもありました。

紆余曲折はあったものの、結果的に文化祭は毎年開催に変わりました。しかも、町内会の協力のもとキッチンカーが出店するなど、内容も充実しました。私は、「生徒が主体的に動けるようにするのが教育の大事な目標だ」とずっと先生方に話してきました。文化祭を毎年開催に変えるとなると、確かにお金の問題や年間計画への影響など、新たな課題が生じます。それでも、生徒たちがどこまでできるか、一度ゆだねてみようというムードができつつあったのは、一貫性をもって、ビジョンを繰り返し伝えてきたからかもしれません。

りました。

生徒の活動が先生に波及

生徒の主体的な活動が増えて校内が活性化してくると、それまでは様子見を決め込んでいた先生方や、失敗を恐れて守りに入っていた先生方からも提案が出てくるようになりました。

中高合同の授業や、日本史と国語の先生がペアを組んだ教科横断型授業など、これまでの枠組みにとらわれないチャレンジをしてくれるようになりました。やはり先生方は、生徒のためになると納得できさえすれば、一生懸命知恵を絞ってくれるのです。それを目の当たりにするたびに、敬意と感謝の気持ちでいっぱいでした。

副校長時代に感じていた課題のひとつに、高校と附属中の間で先生方の交流があまりないという問題がありました。教室は同じ校舎の中にあるにも関わらず、職員会議で高校の先生が「附属中は別の学校だと思っています」と発言したこともあります。高校は120年の歴史がある一方、附属中は開設されたばかり。その上、高校と中学では指導の観点やカルチャーが異なることもあって、両者の間に心理的な壁ができてしまったのです。ただ、そのような要因はあるにせよ、先生方の連携がなければ中高一貫校としての強みを生かすことは難しく、生徒たちの期待を裏切ってしまうことになります。

そこで、校長1年目のとき、校舎の耐震工事で職員室を一時的に引っ越すことになったのをチャンスと思い、工事終了後に元の別々の職員室に戻るのではなく、中高一緒にひとつの職員室にまとめることを提案しました。すんなり決定というわけにはいきませんでしたが、教務主任を中心に新しい職員室のレイアウトを何度も練り直してくれた結果、最終的に中高いずれの先生方も同居に納得してくれました。

高校の先生方にとって、附属中の生徒は数年後には自分の生徒になるので、他人事ではありません。別々の学校などとは言っていられないわけです。職員室でのコミュニケーションが増える中で、附属中の授業を見学したい、授業で教えてみたい、という前向きな提案が出されるまでに状況が好転しました。また、それに呼応するかのように、附属中の先生方からも、高校でどんな授業をしているのか見てみたいという声が聞かれるようになりました。それまでは、高校の教員同士でさえ互いに授業を見せ合うなどあり得ないといった状況でしたので、まさに夢のような変化です。

先生方の意識が変わると、生徒たちにも大きなプラスの影響があります。中高合同で授業や行事をやるとなれば、中1から高3までの生徒が一緒に学んだり、話し合って決め事をするという貴重な経験ができます。これこそ、一貫校ならではのメリットです。

業務効率化の源泉

先生方からの提案や要望の中には、業務の効率化につながるようなものもありました。たとえば職員会議の資料をＰＤＦ化して事前に共有する方式に変わったのは、資料の準備を担当していた教務主任からの提案がきっかけでした。それまでは、会議の前日に全職員分の資料をコピーして、ホッチキス止めしていました。各学年や校務分掌から提出される資料をまとめると50ページほどになることも珍しくなく、それを１００人分用意するのは大変な作業ですし、当然ながら時間もかかります。教頭が手伝うこともありました。ＰＤＦ化の提案に対して、私は「ぜひ、やりましょう」と後押ししました。資料の準備に費やす時間が劇的に減ったのは言うまでもありません。

会議当日、先生方はタブレット持参で参加します。画面越しに資料を確認することに最初は戸惑っていましたが、すぐに慣れました。そして、一度便利さを実感すると、他の会議でもペーパーレス化が進みました。また、主幹教諭の提案により、以前は先生方を集めて行っていた業務連絡をチャットで代用するようになりました。手間と時間の節約になるだけでなく、記録や検索もできるので便利です。

先生方は超が付くほど多忙なので、負担軽減につながるとわかれば、積極的に実践してくれます。要は、効率化を意識した業務改善の経験がないだけなのです。企業ではアプリを使った会議が普及していて、会議中に新しい情報や資料が随時共有され、発言や検討内容はリアルタイムで記録しながら進むので、会議が終わった時点で議事録がデジタルデータとして完成しています。在任中に職員会議をそこまで進化させることはできませんでしたが、教員が手書きの議事録を作って関係職員に回覧し、それぞれがハンコを押すという旧態依然とした作業の非効率性を考えると、さらなるＩＴ化を検討する意義はありそうです。

トップダウンとボトムアップ

組織の変化には2通りあります。1つは、上から「こういう方針でいきます」と宣言して、方向性もやり方もトップダウンで指示するパターン。もう1つは、変化が求められている背景や、それを踏まえた将来ビジョンはリーダーが明確化しますが、ビジョンの実現はメンバーの主体的な行動に委ねるボトムアップ型です。

両者の大きな違いは、メンバーの納得感を前提にしているかどうかです。トップダウンのやり方は、納得感があるかどうかと関係なく、達成すべきことを強制します。そしてたいていの場合、達成できなかったときのペナルティのようなものが存在します。リーダーが強制力を発揮するために必要だからです。それに対してボトムアップ型は、ビジョンに対する共感を駆動力として変化を起こします。変化の必要性を理解したメンバーは、自分がやるべきことや、できることを考えます。一方、リーダーは、メンバーを信頼し、介入を最小限に抑えつつ、必要な支援を行うことに専念します。

スピードの違いはあれど、いずれの方法でも変化を起こすことはできます。しかし、

「やらされ感」は長続きしません。そのため、トップダウンの改革は、リーダーが代われば元に戻ってしまう可能性が高いのです。一方、ボトムアップの改革は持続性があります。メンバー一人ひとりの意識が変わっているからです。人は、意識が変われば行動が変わります。行動を変えることで意識を変えるという考えもありますが、納得感が伴わなければ、意識レベルでの変容は難しいのです。

なお、メンバーに委ねることは、まかせっきりにするのとは違います。メンバーの行動を見守りつつも、当人だけでは解決できない課題や悩みを抱えたときに周囲の協力を得られるように、環境を整えたり、善後策やリソースの調整を行うのはリーダーの役目です。メンバーが支援を必要としているのに何も対処しなければ、それは単なる放任であり、リーダーとしての責任を放棄しているのと同然です。一方で、ビジョンに反する言動が見られたときは、決して看過してはいけません。なぜ、その言動が受け入れられないのか、本人が納得できるように理由を説明する必要があります。看過することは、ビジョンに反する言動をリーダーが認めているという誤ったメッセージを、本人だけでなく、他のメンバーにも伝えてしまうことになるからです。

逆説的になりますが、メンバーの納得感を改革の駆動力にする上で本質的なことは、改革の主役がメンバーであることを、リーダー自身が理解していることです。学校改革の主役は校長ではなく、職員と生徒だということを理解しない限り、納得感をベースとした持続可能な改革は実現しません。校長を主語に置いたトップダウン的な改革は、短期的なインパクトはあったとしても、打ち上げ花火のような一過性のものになる可能性が高いのです。権力やカリスマ性に依拠したリーダーが陥りやすいパターンです。

◆部活動大革命！

顧問を完全希望制に

校長2年目に実現した大きな改革の1つとして、部活動顧問の完全希望制があります。希望しない教員には顧問業務を割り当てないという、全国的にもほとんど例のない改革です。

第1章で触れたように、学校は前例踏襲から抜けられず、新しい取り組みが苦手なだけでなく、これまでやってきたことをやめることもなかなかできません。私には、部活動の顧問業務もそのひとつに見えました。

部活動は、「課外」活動に位置づけられていることからもわかるように、学校の正規の教育課程の外にある教育活動です。放課後に行う補習や課外授業、さらには探究活動と同じ位置づけなのに、部活動の顧問だけが、教員の義務的業務として特別扱いされています。より正確に言えば、先生方が、自分たちの義務的業務と「思い込んで」います。

部活動の顧問は、校長が「委任」することで正式に教員の「業務」になります。太田一高では、年度はじめの職員会議で形式的にそれを行っていました。顧問業務は勤務時間外の仕事であり、土日は大会や遠征もありますが、その分の残業代は出ませんし、手当もほんのわずかです（顧問業務の有無とは関係なく、俸給月額の4％相当の「教職調整額」が一律に支給されるのみです）。つまり、校長が教員に部活動の顧問を委任することは、ほぼ無給の残業を強制するのと同じことなのです。

ある調査では、部活動に積極的に関わりたいと思っている教員が3割いる一方で、顧問をやりたくないと思っている教員も同率の3割いることが判りました。それでもほぼ全員の先生方が顧問をしているのはなぜかといえば、これまで顧問をやることが「当たり前」だったからです。法的根拠がないのに、校長が自校の教員に平気で顧問業務を委任できるのも、校長自身がそのような環境で長年仕事をしてきたから、という以外に理由が見当たりません。これは一種の同調圧力です。

生徒がやりたいと言っているのに、顧問のなり手がいないから活動できません、というのはかわいそうだと言う人がいます。でも、放課後に探究活動を頑張りたいからサポートの先生をつけてほしいと生徒から要望されたら、同じことを言うのでしょうか。同じ課外活動なのに、部活動の顧問だけ特別扱いするのは筋が通りません。

私は、顧問をしたくない先生に強制するのはおかしいと考えていたので、議論のきっかけを作るために、完全希望制に変えることを提案しました。とても根深いテーマですので、以前の太田一高であれば賛成と反対に分断したまま会議が紛糾したことでしょう。でも、先生方の意識の変化を感じていた私は、建設的な議論をしてくれることに期待をかけることができたのです。

部活動顧問の完全希望制が職員会議で認められた翌日、私は公式SNS「校長のつぶやき」に投稿しました。その反響は予想以上で、フォロワーが一気に増え、コメントがあふれました。また、部活動問題に取り組んでいるNPO法人からインタビューの依頼もありました。それだけ大きな問題だったということに、あらためて気づかされました。

ダンス部をつくりたい

校長2年目の入学式の翌日、新入生3人が校長室に来ました。中学のときにダンスをやっていたので、高校でも引き続き活動したいということでした。太田一高にはダンス部がなかったので、部を新設したいという要望です。自分たちのやりたいことを、入学した次の日に校長に直談判するという彼らの熱意と勇気に驚きましたが、これこそ私が望んでいた変化でもありました。

第2章で触れたように、主体性というのは学校で授けることができるものではなく、元から持っているものを「守る」という視点が必要です。「主体的・対話的で深い学び」が実現するかどうかは、生徒が自ら「こういうことをやりたい、学びたい」と思って入学してくれるかどうかにかかっています。私は、太田一高が、そういう生徒から選ばれる学校になってほしいと願っていました。

ダンス部の新設については、先生方も議論を尽くしてくれましたが、顧問や予算の面で折り合いがつかず、実現は1年後になりました。それでも生徒たちは、学校が真剣に向き合ったことを肯定的に受け止めてくれたと思います。

学校説明会では、校則や部活動についても紹介します。でも、入りたい部活がないとか、校則が気に入らないという理由だけで、その学校を進学先の選択肢から外すのはもったいない話です。現状は自分たちの手で変えられるということを知っておいてほしい。すべての学校がそうではないかもしれませんが、少なくとも太田一高は、志を持った生徒の期待に応えることこそ、自分たちの価値だと考えるようになりました。

◆ 改革の進み方

さざ波のような小さな変化も、積み重なれば大きな波になります。これは「複雑系」という理論で証明されていて、ここでは詳しく書くことは避けますが、1＋1は2ではなく、もっと大きな数字になっていくのです。その大きな数字を、どうすれば高められるかが大事で、最初の小さな変化をどこから起こすかにかかってきます。それは、私が副校長時代に練り上げた改革戦略の要（かなめ）でもありました。

太田一高に赴任してまず感じたのは、学校全体の雰囲気がとても穏やかなことでした。いじめもほとんどありません。見方によっては自己主張が弱いという側面もありますが、私は彼らの中にある優しさ、素直さ、そして真面目さが改革の力になると確信していました。

他者を思いやる心、誰かの役に立ちたいという思いは、起業家精神の土台を成すものでありながら、主体性と同様に、学校教育で与えるのが難しいものです。親御さんの温かな眼差しや、助け合いの精神が残る地域風土のもとで育まれた彼らの強みを、理想的な学校教育のビジョンと融合するために起こした最初の小さな波が、生徒会役員との懇談でした。彼らなりに課題意識を持っているはずだと期待して懇談に臨みましたが、実際そのとおりでした。そこで、改革の第一歩は、計画どおり、生徒会を中心に生徒たちが自らの手で課題を解決できる環境を整えることにしました。ありがたいことに、生徒会担当の先生は私のビジョンに共鳴してくれて、しっかりと橋渡し役を担ってくれました。彼はまだ教員2年目でしたが、志が高く、「生徒が主役」の学校づくりに大いに貢献してくれました。

太田一高は伝統校ということもあり、これまでのやり方や考え方に固執している先生方も少なくありませんでした。それでも生徒のためになると思えば、新しいことでも労を惜しまず取り組んでくれることもわかっていました。生徒が変われば、先生方も変わる。生徒が起こした変化の波は、きっと先生方が大きなうねりにしてくれる。そのような期待のもと、校内の動きを見守っていました。

◆職員会議は改革のバロメーター

私は、職員会議の様子を改革進捗のバロメーター（評価指標）にしていました。校長2年目の職員会議は赴任した頃とは別物になっていて、どの議題にも活発に意見が出され、ときには収集がつかなくなることもありました。批判だけして、あとは知らんぷりという態度はほとんど見られなくなり、反対意見が出ても建設的に議論が進むようになりました。声の大きな教員が発言すると会議の流れが止まってしまう、といったこともなくなりました。

職員会議をより効率的なものにするために、1週間前に企画運営会議を開いて議題を整理することにしました。企画運営会議では、学年や校務分掌からの提案を共有し、職員会議で審議することが適当と考えられる項目を選別しました。校務分掌のリーダーは参加必須ですが、事前に会議のアジェンダを全職員に周知し、意見や興味がある人は誰でも参加できるようにしました。若手もベテランも関係なく自由に意見を言い合える場にしたかったのです。職員会議とは違ったカジュアルな雰囲気の中、先生方と学校の課題を共有できたのは、とても有意義でした。

生徒たちは、学校に大きな変化が起きていることを実感していたことでしょう。職員会議も同じで、先生方は会議の雰囲気が変わったと感じていたはずです。この変化は、一人ひとりの意識と行動の変容が相乗的に作用した結果生み出されたものです。生徒会役員との懇談を起点とした改革が、大きなうねりになりはじめたのです。

◆視野の広い教師が日本の未来をつくる

教員の業務はカバーする範囲がとても広く、授業、クラス担任、校務分掌、部活動の指導、さらには生徒や保護者からの相談や事故への対応、ときには業者との交渉を担うこともあります。

私は、こんなにマルチに仕事をこなしてすごい！と思っていましたが、先生方はあまり自信を持っていないようでした。残業が常態化するほど多くの業務を抱えて、学校外のことにアンテナを張る余裕がないことも一因かもしれません。生徒の将来を考える上で、広く世界の動向を知っておく必要があるのに、ニュースを観る時間すらない状況は、先生方にとってだけでなく、社会全体の損失です。

先生方が視野を広げ、未知の領域にチャレンジすることが、生徒の探究心を刺激し、将来の夢の実現に向けた学びを促進することにつながります。そのためには、先生方の時間的、精神的なゆとりが必要です。教員免許がなくてもできる業務を外部委託したり、部活動の指導を地域の経験者に委ねるなど、固定観念や学校の「当たり前」から抜け出す改革が急務です。校長の権限や努力だけでは解決できないことも多いので、行政や地域の力を結集して取り組む必要があります。

◆キャリア教育は夢づくり

今は、ほとんどの人が高校まで教育を受け、卒業後は大学や専門学校へ進学するか、社会人としての一歩を踏み出します。しかし、在学中に職業について考える機会は多くありません。

社会が複雑化し、職業も細分化した結果、自分の好きなことや得意なことと将来の仕事を結びつけるのが難しくなっています。私は、そのような状況だからこそ、中高６年間を通したキャリア教育が必要だと考えています。生徒が、自分の強みや興味関心と向き合いながら、将来の仕事について自ら考えられるようになることが大切です。

探究活動は、その入り口になります。探究のテーマや課題を決めるときに、大人が枠を設定してはいけない理由がここにあります。無限の選択肢の中から、自分が本当に興味のあること、やりたいことを見つけ出すからこそ、新たな課題や困難にぶち当たっても挑戦を続けることができるのです。挑戦を通して学び続けることによって、「得意を仕事にする自分」をイメージできるようになります。

キャリア教育が機能するためには、先生方の視野の広さが重要です。世の中にはいろいろな仕事があります。その多様性を知らないと、生徒の適性を狭い範囲でしか判断できず、可能性の芽を摘むことにもなりかねないからです。生徒がＹｏｕＴｕｂｅｒ

（ユーチューバー）になりたいと言ったときに、「もっと安定した仕事がよいのでは」と否定的に返すのではなく、「そうか、じゃあ動画編集のスキルを磨くといいかもね」とポジティブにアドバイスできる先生が、これからは求められます。生徒の夢を壊すドリーム・キラーになってはいけません。先生方には、生徒が夢を持って学びに向かうことができるような関わり方を切に望みます。

太田一高では、中高6年間を通したキャリア教育を担う校務分掌として、キャリア・サポート部を創設しました。先生方は早速、公益社団法人ジュニア・アチーブメント日本と連携してディズニー・クリエイティブ・ワークショップに生徒を参加させるなど、社会とのつながりを意識した支援を始めてくれました。今後は、探究推進部と一体となって、カリキュラムと連動したキャリア教育を実現してくれることでしょう。

◆学校改革は意識改革

学校が変わっていくとき、外からは見えない変化も起きています。意識の変化です。

私は、生徒が主体的に学ぶ学校にしたいというビジョンを掲げました。初めは、ビジョンに共鳴してくれた一部の人が、小さな変化を起こしてくれます。次に、その変化に触発されて勇気や着想を得た人が、新しい動きを生み出します。やがて相乗効果で変化の波が全体に広がり、どんどん大きくなっていきます。

最初の小さな波が立ったとき、学校の中にいる人は、自分たちの学校が変わり始めている気配を感じ取ります。例えば、休日の部活動時の体操服登下校をＯＫとしたとき、以前の太田一高にはなかった新しい風が吹き始めたと感じたでしょう。でも、この時点では、他校や地域住民、ＯＢの方々には、その風は届いていません。その後、ビジョンが浸透していく中で、先生方も生徒たちも、自律的であることや創造的であることを基準にしながら物事を判断したり、行動するようになります。その結果、カーディガンの色が自由になり、頭髪の規定も撤廃されました。頭髪の自由化ほど大胆なルール改正となると、さすがに他校やＯＢの知るところになります。髪を染めた生徒を見かけるようになると、地域の方々も太田一高が変わったことを認識するようになります。

目に見える変化はわかりやすいので、頭髪の自由化を快く思わないＯＢからの批判的な声など、周りからの反応も届くようになります。他校の教員から、「太田一高で髪染めを認めているのに、なぜうちの学校はダメなのかと生徒に質問されて困っている」と相談を受けたこともあります。

太田一高で本当に変化したのは先生方と生徒たちの「意識」です。髪染めなどは、その表層的な変容にすぎません。そして、この意識変革こそが、これからの時代の理想的な学びを実現するために、皆で意見を交わし、模索しながら獲得した私たちの宝物です。でも、そのことをＯＢや他校の教員など、改革の当事者ではない人に理解してもらうのは容易なことではありません。これは、本書をまとめた動機のひとつでもあります。

第5章

学校は「強み発掘テーマパーク」

残る課題と未来への展望

◆「授業がつまらない」は先生の問題

先生方との雑談の中で、「子どもたちは学年が上がるにつれて元気がなくなっていく」という話を聞いたことがあります。夢や希望を胸に入学した生徒たちも、型にはまった教育を受けているうちに、自分がやりたかったことや興味があることを封印して、エネルギーを失ってしまうのではないでしょうか。

学びは本来、楽しいものです。知らなかったことがわかるようになる、できなかったことができるようになる。自分の成長を実感できるから、学び続けるのです。知識が増え、できることも増えれば、夢の実現に近づくことができます。だから、学年が上がったらワクワク度が増して、元気になるのが本当の姿なのです。楽しいはずの勉強を「苦行」だと思ってしまうのなら、学校なんて行かない方がいい。そんな学校に存在価値はないのです。

夢の実現に英語が必要だと思えば、生徒は真剣に英語の授業を受けます。でも、特に英語に興味がない生徒に、興味を持てるようなきっかけを与えることができれば、それも価値あることです。生徒自身が気づいていない興味の種や強みを見つけるきっかけになるかもしれないからです。そのような授業をできるかどうかが、教師の力量を表します。興味がないことに対して、「おや、なんか面白そうだぞ」と思ってもらうのは簡単なことではなく、授業をする側に視野の広さが必要だからです。

そもそもの問題として、「授業がつまらない」と言っている生徒に、親や先生が「ちゃんと聞きなさい」というのも酷な話です。大人の私たちだって、つまらない話に真剣に耳を傾けることなどできません。さらに言えば、生徒の時間を50分使っておいて、つまらないと感じる授業をするのは、罪深いことです。それなら、その時間を他のもっと興味のあることに使ったほうが、人生が豊かになります。楽しくなさそうな遊園地にわざわざ行く人はいません。誰だって自分にとって価値のないことに時間やお金は使いたくないのです。学校に行けば夢を叶えることができる。自分の新たな可能性を発見できるかもしれない。そんなワクワク感を提供できないといけないのです。

ライバルはユーチューバー

インターネットが普及するまでは学校に行かないと学べないことが多かったですが、今は1人1台スマートフォンやパソコンを持ち、いつでもどこからでも、自分が必要とする情報を得ることができます。型にはまった授業の価値が低くなっていることは間違いありません。

すでにＹｏｕＴｕｂｅ（ユーチューブ）を観て勉強している人がたくさんいます。学校の先生にとってユーチューバーはライバルだと思ったほうがよいでしょう。子どもたちは楽しい授業を選びますし、楽しい方が身につきます。これは大人も同じです。

学校が価値ある場所であるためには、学校に行くことがハッピーでなくてはいけません。ダンス部があればハッピーなら、ダンス部をつくればいい。プログラミングを学べることがハッピーなら、プログラミングの授業を受けられるようにすればいい。子どもたちは、夢を夢で終わらせないために学ぶのです。「そんな夢みたいなこと言ってないで、ちゃんと勉強しなさい」などとつまらない説教をするのは、それこそ夢のない大人のすることです。

一人ひとりの学びの需要に対応できる学校が、これからは生き残ります。学年やクラス単位で一律に同じ内容の授業を受けさせるのではなく、学び手である生徒を中心に考えて、興味を持っていることや、学び足りないと思っていることを学べるように、授業を自由に組み合わせて受けられるような仕組みにするのがベストです。そのための第一歩として、学年別の学級編制をやめてみてはどうでしょうか。

テストの結果や偏差値だけで教育の成果を評価する時代は終わりです。テストの点数が低くても、その子にはその子の良さや強みが必ずあるはず。それを認めて、きちんと評価し、さらに伸ばしてあげられるような教育が、今まで以上に求められるのです。学校の画一的で狭い価値観が通用しない世の中になったことを、教育に携わる全ての人が理解する必要があります。

人は行動するとき、何らかの価値を求めます。その場所に行かなければできない体験があるから旅行をするし、コンサート会場に足を運びます。学校も、教室でしか得られない体験を提供できるかどうかが問われています。生徒が目を輝かせながら教室を移動するような、「学びのテーマパーク」にならないといけないのです。

多様性は自分を知るための土壌

学校は、自分と他人とを比較できる貴重な場所でもあります。自分はこれが得意、これが苦手といったように、自分を知ることができる場所なのです。この世に完璧な人などいません。人は誰でも、強みと弱みの両方を持っているのです。苦手なことや弱いところをネガティヴに捉えるのではなく、好きなことや得意なことに目を向けて、将来の仕事と結び付けながら、これから先の学びの地図を作ります。そのためには、まず自分を知ることからです。学校は、自分を知ることができる場所という、大きな価値があるのです。

人の個性や多面性を軽視した昭和の管理教育は、とっくに役目を終えています。多様な価値観や一人ひとりの強みを認め合い、融合しながら、組織や社会をより良い方向に発展させていかなければいけません。できないことをマイナス評価する減点法はむなしいだけ。弱みは補い合えばよいのです。生育環境の異なる生徒が集まる公立学校は、もともと多様性があります。それを活かすことが、これからの学校教育が重視すべき方向性です。

生徒は一人ひとり違うはずなのに、先生や地域の人たちは、○○高校の生徒というふうに1つのまとまりとして見てしまいがちです。OBは昔の母校のイメージを今の生徒に押しつけます。いずれも時代錯誤と言わざるを得ません。生徒一人ひとりに目を向けて、その子の強みや潜在能力を伸ばすために自分に何ができるか考えながら、サポート役に徹することこそ周囲の大人がやるべきことです。大人の古い価値観を子どもたちに押しつけたところで、未来に対して何も良いことはありません。

視野を広げるためにできること

今の世の中、安定した職業というものは存在しないといってもよいでしょう。終身雇用はいずれなくなります。大企業に就職すれば一生安泰というのは過去の話になりつつあります。どのような状況に置かれても自分の人生の舵取りができるように、スキルアップや自己成長を続ける必要があります。

ある先生が私に、「鈴木校長と違って、自分は転職なんてできませんよ」と話されたことがあります。転職できる能力やスキルがないという意味です。学校という閉じた世界から一度も出たことがなければ、そう思うのも無理はありません。スキルアップに努めなくても仕事がなくならないのはうらやましい面もありますが、生徒たちは生涯ひとつの会社、ひとつの仕事だけで生きることができるとは限りません。むしろ、一度も転職しない人の方が少ないでしょう。生徒の将来を考えると、先生方には広い視野でキャリア教育や進路指導にあたってほしいのです。

校長時代にお世話になった教育長の方が、「自分は教諭のとき、週末はできるだけ学校関係以外の人と会うようにしていた」と教えてくれました。他業種の人と付き合い、未経験の世界に触れることで視野が広がり、自信を持って生徒と向き合うことができるようになるとのこと。本やニュースから新しい情報を得ることも視野を広げることにつながります。習い事をするのも良いでしょう。そのような時間を作るためにも、効率化を意識した業務改善が望まれます。

◆「教える」授業からの脱却

先生方に余裕がない原因のひとつとして、学習指導要領と教科書の存在があります。学習指導要領には教科ごとに教える内容や目標が書かれていて、学校が教育課程（カリキュラム）を編成する際には、その内容に従う必要があります。そして教科書は、学習指導要領に示された教科内容を指導するための「主たる教材」に位置づけられています。

先生方を見ていると、教科書に書かれていることはすべて授業で教えなければいけないと思っているようでした。太田一高でも、正課の授業時間だけでは教えきれないということで、放課後や週末に課外授業をしていました。生徒のために良かれと思ってやっていることとはいえ、先生方が自発的に勤務時間外の授業を組むことが不思議でなりませんでした。

そもそも教科書は、勉強するための資料または参考書に過ぎません。しかも、今はネット上に分かりやすい解説がたくさんアップされています。教科書の内容をすべて教えることに、どれだけ意味があるでしょうか。それよりも、勉強したくなるきっかけを与えることの方が大事です。生徒が自ら教科書を開いてみたくなるような授業です。公式を覚えて、ただひたすら問題を解くよりも、たとえば三角関数が実社会でどのように応用されているかを教えてもらった方が、数学に興味を持ち、勉強するモチベーションが湧きます。教科書の内容を教えるだけの授業では、生徒の心に響きません。それなら一度動画を撮っておいて、あとは毎回生徒に観てもらえばよいのです。生徒の心をときめかせる授業ができるように、先生方には幅広い知識と挑戦体験を持ってほしいです。教科書は、あくまでも生徒とのコミュニケーション・ツール。やみくもに授業時間を増やすのではなく、授業中の対話の密度をいかに高めるかの方が大事です。

私は、校長1年目の秋に、太田一高の伝統になっていた課外授業をやめることを決断しました。先生方の残業を減らす目的もありましたが、もっと重要な理由として、教科書や入試問題集を使った正課授業の延長のような内容では、生徒の主体的な学びにつながらないと考えていたからです。そのような「与え過ぎる」教育はビジョンに反しています。受講登録をしたら途中でやめることができないのも不満でした。

それでも放課後に生徒に教えたいという先生には、３つの条件をもとに開講を認めました。教科の枠にとらわれないこと、学年を指定しないこと、出席をとらないことです。「青龍（せいりゅう）アラカルト」と名付けた新しい課外講座は、先生方の得意分野を散りばめたような多彩なものになりました。「英語はリズムが命〜カタカナ発音から抜け出そう」「英語で歌おう世界の名曲」「和歌（わか）る『源氏物語』」などワクワクするタイトルが並び、生徒は自分の興味・関心に応じて、自由に参加します。まさに「学びのテーマパーク」です。

長年続いていた教育活動を年度の途中で転換したことは、学校関係者に少なからずインパクトを与えたようです。学校は、さまざまな要素を加味して念入りに練られた年間計画に沿って教育活動が展開されます。新しい取り組みを行うにしても、次年度の計画に組み入れるのでさえ大変なのです。ましてや、年度の途中で計画を変更するのは、通常あり得ないことらしいです。でも私は、目の前の生徒たちにとって変えた方が良いとわかっているのに、それを先延ばしする理由が見つかりませんでした。

◆ 教員不足への対応

日本の学校は、教員不足という深刻な問題も抱えています。特別支援学級の増加に伴って、1校あたりに必要な教員の数が増えているにもかかわらず、なり手が減っているからです。育休取得や病休者の増加も一因になっています。

教師のなり手が減っているのは、過酷な労働環境が敬遠されているからです。残念なことに、学校はブラックな職場というイメージが浸透してしまいました。新しく教員になる人がいなければ現役の先生方の負担は増す一方で、何らかの対処をしない限り、ますますブラック化するという悪循環になります。

教育委員会も教員志望の学生にアピールするのに必死です。あの手この手で教員という仕事の魅力を発信しています。でも、現役の先生方が疲れ切っている状態では、説得力がありません。

この問題を解決するには、教員の業務支援の拡充や、人材確保のための予算措置が必要です。でも、教育には、あまりお金が回ってきません。これには政治的な理由も絡んでいます。少子高齢化が進む社会では、必然的に年齢が高いほど選挙の投票に行く人も多くなります。実際、投票率を年齢層別でみると、70代前半の投票率が7割超えと最も高いのに対して、20代は3割弱で最も低いという状況です。そうなると、政治家を目指して立候補する人は、若い世代よりも高齢者にウケる政策をアピールしがちになります。そうした方が票が入るからです。結果的に、公教育の予算はなかなか増えないということになります。

しかし、嘆いてばかりもいられません。校長にもできることがあります。先生方がやりがいを持って生き生きと仕事ができる環境を創ることです。前例踏襲と年功序列が強く根付いている学校では、経験が長い教員ほど校内で力を持ちます。経験の浅い若手の教員がベテランの先生に直言するのは難しいのです。でも、若い先生方が委縮するようでは、校内の活力が失われ、停滞ムードになります。生徒も小さくまとまってしまうでしょう。先生方が年齢や経験の多寡《たか》に関係なく意見を出し合い、対等な立場で協力しながら業務を進めることができるように、校務分掌や役割分担を見直すのは校長の重要な仕事です。

若い先生方は、探究活動のサポートやＩＣＴ機器の扱いが上手です。一方、ベテランの先生方は、生徒指導や家庭との連携などに豊富な知見を持っています。それぞれの強みを生かしながら、不得手なところは互いに補い合えばいいのです。変化と多様性の時代には、経験があるから偉いんだという考えは通用しません。

授業を動画にして、生徒がいつでも観られるようにするのは、先生方の負担軽減につながるはずです。生徒にとっても、理解できるまで繰り返し視聴できるので便利です。ネットからアクセスできるようにしておけば、学校に行くことができなくても、自宅で勉強できます。教員人材を確保するのが難しいのであれば、動画作成の支援やアーカイブシステムの構築に投資した方が、教育予算の活用法としては効果的かもしれません。

日本の将来を担うのは、子どもたち。これは紛れもない事実です。縮小化する社会ではインフラをはじめとする社会資本の選択と集中は避けられないものの、教育にお金を使わない国家の行く末はどうなるか、考えるまでもないでしょう。

◆正解のない時代に活躍できる人

社会が複雑化し、価値観が多様化した現在、誰にも正解がわからないような課題が増えています。過去の成功体験を生かすことができる場面がどんどん少なくなり、目的意識を持たずに、ただ言われたことをこなすだけの人は、活躍の場が狭まる一方です。これからの教育に求められるのは、人生や物事の本質を見極めながら、自律的に行動できる人を育てることです。

自分は何が好きなのか、何が得意なのか、何をやりたいのか。高校までの多感な時期に多様な生き方や価値観に出会うことで自分を知り、将来なりたい自分に向けて主体的に学ぶ力を身につけておきたいものです。そうすれば、大学に入ってからの学ぶ姿勢が変わり、社会に出てからも新しいことへの挑戦やスキルアップを続け、活躍の場を広げていくことができるでしょう。

私は、小学生のときに、当時大人にとっても未知の世界だったマイコン（マイクロコンピューター）に触れる機会がありました。今のように1人1台パソコンやスマートフォンを使う世の中など想像できなかった時代です。プリント基板に電子部品をはんだ付けして、弁当箱くらいの大きさの電源をつなぐと、基板上の7セグメント・ディスプレイに8桁の数字が赤くデジタル表示されました。十六進数のコードから成る機械語のプログラムを打ち込み、実行キーを押すと、ディスプレイの数字がカウントダウンしはじめました。たったこれだけの動作ですが、私はすっかり魅了されました。

自分で組み立てるマイコンとはいえ、小学生の小遣いで買えるような代物ではありません。そのときに親から「小学生には高価過ぎる」とか、「まだ早い」などと言われていたら、今の自分はなかったかもしれません。中学生になってからはパソコンを買ってくれました。ごく一般的なサラリーマン家庭でしたので、親としては大変な出費だったと思います。興味あることに没頭できるように配慮してくれた両親には、とても感謝しています。

私は両親から何かを強制されたり、押し付けられたという経験がありません。進学先も自分で学校の資料を集めて、「ここに行きたい」と言ったら決まってしまいます。「面白そうだね」という反応は返ってきますが、「他にもこういう学校があるから調べてみたら」とはなりません。ちなみに私が大学教員から校長に転職すると報告したときも、校長を退職して独立すると話したときも、「応援しているよ」の一言でした。無関心というわけではなく、むしろ私がどのような選択をするのかに興味があり、信じて見守ってくれているのです。私が太田一高の先生方を信じて委ねることができたのは、このような環境で育ったことが影響しているのかもしれません。

大人が子どもにできるサポートは、もちろん金銭的なことだけではありません。子どもにとっては、自分が興味を持って取り組んでいることに周囲の大人が関心を寄せてくれていることが大事なのです。塾や習い事の月謝を払っているから親の役目は果たしていると考えたなら、親子関係は寂しいものになります。子どもが夢中になっていることに興味を持ち、親子の話題にするなど、精神的にサポートしてあげることも大切です。子どもは、身近な大人に、自分という存在を無条件で丸ごと受容されることによって、その後の成長の過程で新しいことにチャレンジできるようになります。自分がやりたいことをやってもいいんだと思えるようになるからです。未知のことに挑むのは勇気が要ります。失敗したらどうしようと不安になります。そこで一歩前に踏み出せるかどうかの分かれ目は、それまでの人生でやりたいことを自由にやることができたか、やらせてもらえたかどうかです。挑戦してうまくいかなくても、そこから学んで成長できると知っているから勇気が湧くのです。

人は、自己選択権と自己決定権を与えられてはじめて、幸せをつかむことができます。自分で決めることは不安との戦いです。結果を受け止める責任も生じます。でも、自分で決めたことだからこそ、思いどおりにいかなくても前向きに受け止めることができます。頑張って乗り越えようと思うことができます。そして、乗り越えた先には達成感と成長した自分があり、次なる挑戦に向かうエネルギーと勇気を得ることができます。

正解のない時代に活躍できるのは、実現したい夢や、やりたいことがあり、挑戦する勇気を持っている人です。中学生や高校生にもなれば興味の幅が広がり、やってみたいことも増えてきます。生徒たちの「やってみたい」に応えられる学校でなければ、これからの社会が求める人材を育てることはできません。卒業後の長い人生を幸せに生きられるように、学校は自己選択と自己決定を尊重する場所であるべきです。

◆時代の変わり目は学校の転換期

選択権や決定権を与えないのは、「支配」しているのと同然です。昭和の管理教育は、まさにそれでした。その負の遺産が体罰やブラック校則です。主体的な学びと管理教育は、相容れないものだと気づくべきです。先生や親の顔色をうかがう子どもたちを育ててはいけません。私は、学校から支配的要素を取り除くために、対話による改革を目指しました。管理と支配は、どこかで断ち切らなければ永遠に連鎖します。管理されて育った人は、やがて他人や自分の子どもを支配するようになるからです。

今は、学校の転換期だと思います。型にはめる教育から、主体的に学び自律的に行動できる人を育てる教育への転換です。私は、人間性復活の時代が到来したと、肯定的に受け止めています。太田一高では、主体性を守ることをコンセンサスとしながら、対話と探究活動を核とする意識改革を目指しました。日本の教育全体を変えることはできなくても、学校のリーダーである校長が変革の必要性を認識し、明確なビジョンを打ち出すことができれば、その学校は変わります。私は2年間の実践を通して、そう確信しました。

校長は、授業を担うことはできませんが、カリキュラム編成や探究活動の進め方に関しては一定の権限を持っています。私は、単なるバッファーの時間になっていた週1コマの総合的な探究の時間を、実質的な探究活動の時間に転換しました。たったそれだけのことでも、生徒たちや先生方の潜在力を引き出し、探究活動のみならず、行事や会議に至るまで、学校全体を活性化させることにつながったのです。

◆肩書にこだわるのは無意味

茨城県の公募採用で校長になることが決まったとき、ある同僚から「鈴木さんの生き方がうらやましい」と言われました。私は、やりたいことをやるのが人生だと思っているので、うらやましいと言われたときは少し戸惑いました。私が、返す言葉に悩んでいると、その人は「今の仕事が、本当に自分のやりたいことかわからない」と打ち明けてくれました。それを聞いて、私はふと思ったのです。やりたいことがわからなくなっている人、あるいは、そもそも夢の実現など無理だと思い込んでいる人が、今の日本では少なくないのではないか。

子どものときは夢があったのに、いつの間にかあきらめている。それが教育のせいだとしたら悲しいことです。自分の可能性を広げ、夢の実現に近づくために学ぶのです。目標地点があるから、人生の荒波を乗り越える勇気とスキルを得ることができるのです。理想や目標がなければ、人生の舵などとりようもなく、大海原で波風にただ流されるだけの漂流船のようになってしまいます。

私が校長になったのは、校長という立場でなければ学校教育を変えることができないと考えていたからです。決して校長になること自体が目標だったわけではありません。教育を変えることが目標であり、そのための手段として校長になることを選んだのです。

立場や肩書というのは、組織や社会の中で与えられた一時的な「仮の姿」でしかありません。自分という存在は、それ自体に価値があるのであり、肩書でその人の価値が決まるものではありません。校長という肩書と権限は、これからの時代に求められる教育を実現するために使うべきものであり、保身や自己満足のために与えられているのではないのです。

「権力は、それを使わなくても任務を果たせる人に与えないといけない」

大学教員時代のボスの言葉です。校長は、企業の上司と違って、昇給や昇進というニンジンをぶらさげて職員を動かすことはできません。でも、管理と支配の連鎖を断ち切るためにも、それでいいと私は思っています。先生方が納得感を持って教育活動に携われるように、校長はオープンマインドなリーダーとして視野を広げ、人格を磨くことに注力すべきです。そして、成すべき改革に対して勇気と覚悟を持ち、ビジョンの体現者として行動するのです。

◆未来の人材を、今育てるために

現役の先生方、そして教員になりたいと思って勉強している学生の皆さんには、そもそも学校教育が何のためにあるのか、原点に立ち返って考えてみてほしい。これから世界はどうなっていくのか、その変化の先にいる子どもたちの姿を思い浮かべながら。豊かで幸せな人生の土台を築くことは、時代を超えた普遍的な教育の目的といえます。しかしながら、その目的を実現する方法、すなわち教育の内容や生徒との関わり方は、社会や時代の変化と無関係というわけにはいきません。自分が生徒だったときの社会と、この先の社会は違うのですから、学校や教育に対して持っているイメージを一旦リセットしなければなりません。私は先生方に「学校は未来」だと言い続けてきましたが、これは前例踏襲の文化に対するアンチテーゼでもあります。

日本の学校の良さは、教員の優秀さにあります。私は、先生方が生徒の成長を喜びとしながら、日々の業務に全力で取り組んでいる様子を目の当たりにしました。彼らの存在は、日本の将来にとっての希望であり、貴重な財産です。だからこそ、先生方には教育の原点に立ち返ってほしいのです。テストの点数で一律に評価するのではなく、チャレンジできる場や、自分で考える機会をできるだけ多く設けてほしいのです。

教えることと学ぶことは等価です。「教師」という名称にこだわり過ぎないで、生徒にとっての「学び手としてのロールモデル」になることを目指してほしい。未知の領域や未経験の世界に飛び込むことは、視野を広げ、人生を豊かにします。それは幸せにもつながります。自分に向いているかどうかは、やってみないとわかりません。意外なところに自分の「好き」や「得意」を見つけるかもしれません。子どものころから、やりたいことや興味を持っていることを周囲の大人が認めてくれる。失敗しても、とがめず受容してくれる。はじめは小さな選択や挑戦かもしれないけど、その機会を与えられることが自信につながっていきます。人は、失敗と成功を繰り返しながら、学び成長していくのです。自己肯定感というのは、そうして育まれるものです。私も、校長という仕事が本当に務まるのか不安でしたが、自分が大きく成長したと実感できているので、やって良かったと心から思います。もちろん太田一高の職員や生徒たち、そして茨城県教育委員会の皆様はじめ、改革を支えてくれた多くの人への感謝の気持ちとセットです。

学校は未来。多様性の時代の理想の学校を創るために、教員の皆さんが生き生きと輝いて生徒と向き合うことが必要です。学びに年齢は関係ありません。人はいつでも学ぶことができます。学ぶことは成長することであり、成長とは変化です。生徒と一緒に未来に向かって変化し続ける先生になってほしい。新しいことに挑戦しながら、社会の一歩先をいく教員の存在こそ、日本の未来を創る力なのです。私は、大いに期待しています。

おわりに

改革というのは、最初は小さなものでいい。やがて必ずそれは大きなものになり、元に戻らないものになることを伝えたいというのが、この本を書いた理由です。私がめざしたのは、ボトムアップで持続的に改革が進むようなきっかけをつくることでした。トップダウンの改革は、短期的にインパクトのある成果が出たとしても、その校長がいなくなったら元に戻ると考えていたからです。

太田一高では、私が起こした最初の小さな波を、先生方と生徒たちが見事に大きな波に変えてくれました。改革を進めるにあたり、私が意識したことは3つあります。主体性を守ること、誰とでも対等に話をすること、そしてビジョンを掲げ見守ることです。たったこれだけのことでしたが、保守的な地域にある創立120年の伝統校が、わずか2年で自律的で創造的な学校へと変貌を遂げました。そしてその進化は、私が校長を辞めてからも続いています。

「今年も観光甲子園で上位に進んだ探究チームがあります。鈴木校長のまいた種が、どんどん花を咲かせていますよ」

退職して半年ほど経った頃、太田一高の先生からこのような報告が届きました。生徒たちの主体的な活動を先生方がサポートしてくださっている状況や、探究活動がさらに発展している様子が目に浮かび、とても嬉しかったです。また、私が赴任する前の太田一高は定員割れ状態で、志願倍率も年々減少していたのですが、改革が功を奏したのか、校長在任中から倍率が上がり始め、今年（２０２４年度入学生）はついに1を超えました。進学実績や入試倍率は学校運営の目標ではなく、あくまでも結果にすぎないのですが、学校の取り組みや改革の成果が肯定的に受け止められていることの表れだと思うと、やはり嬉しいものです。

真の改革は、どんな領域であれ時間がかかるものです。それでも、リーダーが自己の見識と信念のもとにビジョンを掲げ、戦略的に変化のきっかけを作り、一貫性を持ってメンバーの提案や行動を支援することで、必ず実を結びます。はじめの小さな一歩が、メンバー間の相互作用のもと、その後の全体の変化を決定づけます。初期条件によって結果が大きく変わることは、複雑系に備わる基本性質です。一方で、境界条件にも目を配る必要があります。外部から干渉を受けてビジョンとかけ離れた方向に変化してしまわないように、リーダーはどんなときも、ビジョンを体現する存在であり続けなければなりません。

思い返せば、校長を志すことになった最初のきっかけは、大学で教えているときに学生が総じて受け身なのが気になったことでした。縁あって太田一高に赴任しましたが、生まれ変わった学校から巣立つ生徒たちは、きっとアクティブラーナーとして主体的に学び続けてくれることでしょう。

副校長時代を含めて3年間の在任中に、多くの貴重な出会いと印象に残る風景や出来事がありました。

素直で優しく、メリハリのある学校生活を送る生徒たち、改革に賛同してくれた保護者の方々、生徒のために一生懸命に働く先生方、未来志向の管理職メンバー、イレギュラーな業務にも笑顔で対応してくれた事務室の皆さん、安心安全な環境を維持してくれた用務員の皆さん、校長室まで給食を運んでくれた配膳員の方、通学バスを運行してくれたＯＢの方、教育談義に花を咲かせた大学教員や県議の先生方、相談に真摯に向き合ってくれた教育委員会の方々。

満開で新入生を迎える校庭の桜、校長室の壁いっぱいに並んだ歴代校長の写真、教頭や教務主任と学校の課題について熱く議論したこと、教科準備室で先生方がお茶やお菓子を出してくれたこと、修学旅行で先生方の意外な一面を知ったこと、改革に批判的だった先生が突然プライベートな話を打ち明けてくれたこと、保健室に行くと養護教諭がいつも笑顔で迎えてくれたこと、音楽の先生と連弾したこと、休校措置について休み時間に臨時の話し合いをしたとき意見が止まらず収集がつかなくなったこと、自作の小説を持ってきてくれた生徒、前年の卒業生が校長室に遊びに来てくれたこと、職員が作る定時制の給食が美味しかったこと、定時制の皆さんと一緒に学校の中庭でバーベキューをしたこと、生徒が調理実習で作ったケーキを校長室に届けてくれたこと、体育デーや部活の試合で真剣にプレーする生徒たちの姿、泣きながら部活の相談に来た生徒、定時制の生徒が私とクルマ談義に夢中になって授業に遅れそうになったこと、ＯＢから届いた改革への応援メッセージ、卒業式の日に生徒が手紙をくれたこと、文化祭で一緒に写真を撮りたいと言ってくれた生徒、校長講話を楽しみにしていると言ってくれた生徒、鈴木校長のときの生徒になれて良かったと言ってくれたこと、教頭として太田一高の改革に尽力してくれた先生が、退職後の私に会うために新潟まで来てくれたこと。

とても全部は書ききれませんが、私の人生にとってかけがけのない出会いと経験になりました。理想の学校教育に向けた改革を実現できたのは皆様のお陰です。私は日本一幸せな民間人校長でした。感謝の気持ちを込めて、筆をおきたいと思います。

2024年7月　新潟市の自宅にて

参考文献

※1　PRTimes『今年度必修の「探究」教員の約5割「生徒の質問に答える時間や人脈ない」』
https://prtimes.jp/main/html/rd/p/000000011.000005633.html

表紙について

本書の舞台である茨城県立太田第一高等学校は、県北の人口5万人弱の街、常陸太田市の高台にあります。この高台は、遠くから見ると海に浮かぶ鯨のように見えることから、「鯨が丘（くじらがおか）」と呼ばれています。中心部には約６００メートルに渡って商店街が広がり、明治・昭和時代からの店舗も並ぶノスタルジックな街並みを形成しています。多くの生徒が、この商店街を通って学校まで通います。表紙のイラストは、この鯨の背中にある学校で、明るい未来に向けて、皆で協力しながら改革を進めている様子を表現しています（私の娘が描いてくれました）。

著者

著者プロフィール

鈴木 清隆（すずき きよたか）

シンフォニックブレイン代表／ユーセンスメディカル株式会社ＣＴＯ　博士（工学）

１９６８年宮城県生まれ。大学院修了後、医療機器メーカーでＭＲＩ（磁気共鳴画像）装置の開発に従事。その後、新潟大学で教鞭をとりながら、国内最高性能のＭＲＩ装置を用いた脳機能研究に取り組む。学習障害の研究において、脳科学と教育の接点を見出す。一人ひとりが幸せを実感できる創造的な社会を築くには教育改革が必要との思いから、２０１９年茨城県の校長公募に応募。20倍以上の難関を突破し、２０２０年４月から県立中高一貫校の副校長に。翌年４月より２年間、校長として改革に取り組む。

退職後は独立し、大手自動車メーカー、ＡＩ関連スタートアップ、大学や医療機関等から研究開発業務を請け負う傍ら、探究活動を中心に中等教育支援にも力を入れている。

「科学者」校長の学校改革　― 対話と探究でつくる新時代の教育 ―

2024年9月20日　第1刷発行

著　者　　鈴木清隆

発行人　　大杉　剛

発行所　　株式会社 風詠社
〒553-0001　大阪市福島区海老江 5-2-2 大拓ビル 5 - 7 階
TEL 06（6136）8657　https://fueisha.com/

発売元　　株式会社 星雲社（共同出版社・流通責任出版社）
〒112-0005　東京都文京区水道 1-3-30
TEL 03（3868）3275

印刷・製本　小野高速印刷株式会社

ISBN978-4-434-34569-2 C0037